W0084002

Brian Houston

Dafür lebe ich

SCM Hänssler

SCM

Stiftung Christliche Medien

Bestell-Nr. 394.977
ISBN 978-3-7751-4977-8

Originally published in English under the title: For this I was born
For this I was born © 2008 by Brian Houston
Published in Nashville, Tennessee, by Thomas Nelson.
Thomas Nelson is a trademark of Thomas Nelson, Inc.

All Rights Reserved. This Licensed Work published under license.

© Copyright der deutschen Ausgabe 2009 by
SCM Hänssler im SCM-Verlag GmbH & Co. KG · 71088 Holzgerlingen
Internet: www.scm-haenssler.de
E-Mail: info@scm-haenssler.de
Übersetzung: Anja Truckenbrodt
Umschlaggestaltung: Jens Beilharz
Titelbild: shutterstock.de
Satz: typoscript GmbH, Kirchentellinsfurt
Druck und Bindung: CPI – Ebner & Spiegel, Ulm
Printed in Germany

Soweit nicht anders angegeben, sind die Bibelverse folgender Ausgabe
entnommen:
Neues Leben. Die Bibel, © Copyright der deutschen Ausgabe 2002 und
2006 by SCM Hänssler im SCM-Verlag GmbH & Co. KG,
D-71087 Holzgerlingen.
Weiter wurden verwendet:
Lutherbibel, revidierter Text 1984, durchgesehene Ausgabe in neuer
Rechtschreibung, © 1999 Deutsche Bibelgesellschaft, Stuttgart.
Hoffnung für alle®, Copyright © 1983, 1996, 2002 by International Bible
Society®. Verwendet mit freundlicher Genehmigung des Verlags.

Inhalt

Teil Fünf
Der Auftrag und sein Preis 109

Für alle diejenigen in Gegenwart oder Vergangenheit,
die sich entschieden haben,
für die Sache Jesu Christi zu leben
und sein Königreich in allem an erste Stelle zu setzen.

Danksagung

In meinem Leben gibt es viele wertvolle Menschen, die meine Leidenschaft für Jesus und seine Gemeinde teilen. An erster Stelle steht meine wunderbare Frau Bobbie und jedes unserer erwachsenen Kinder, die wie ich von der Sache Jesu begeistert sind. Ich liebe euch.

Ein großes Dankeschön an Maria Ieroianni dafür, dass sie an dieses Buchprojekt geglaubt hat, und für ihre Einsatzbereitschaft, damit es Wirklichkeit werden konnte. Danke auch an die anderen Mitarbeiter, die über viele Monate dabei geholfen haben, das Manuskript zu lektorieren und zu verlegen.

Und Danke an unser ganzes Team, dessen selbstlose Arbeit für das Königreich Gottes es erst möglich macht, dass die Hillsong-Gemeinde existiert und ein Segen für andere Menschen ist.

Vorwort von Arne Kopfermann

Wenn man in der evangelikalen Welt den Begriff *Hillsong* hört, dann denkt man unwillkürlich zuerst an eine Fülle von Bahn brechenden Worship-Songs. Sie sind in den letzten 15 Jahren um die ganze Welt gegangen und prägen derzeit vielleicht stärker als alle anderen die gemeindliche Jugendmusikkultur: Darlene Zschech, Geoff Bullock, Reuben Morgan, Marty Sampson und Joel Houston – diese Namen stehen für leidenschaftliche Anbetung, die wie die Faust aufs Auge in die postmoderne Gesellschaft von heute passt.

Ich finde es sehr bezeichnend, dass die prägendsten Lobpreisbewegungen der letzten 30 Jahre weltweit nicht etwa von der christlichen Musikindustrie ausgegangen sind, sondern von starken, sich multiplizierenden Gemeinden mit visionären Leitern. Ein Beispiel ist für mich die *Vineyard*-Bewegung: Musiker wie Brian Doerksen oder Andy Park wären ohne die geistliche Prägung durch *Vineyard* und ihre Leiter niemals zu dem geworden, was sie heute sind. Ähnliches lässt sich von Matt Redman und Tim Hughes sagen, die aus dem Umfeld der *Soul Survivor*-Bewegung kommen. Und es gilt gleichermaßen für Brian Houston: Vor 25 Jahren begann er, mit seiner Frau Bobby, die Hillsong-Bewegung aufzubauen. Ohne seine visionäre Kraft, positive Ausstrahlung und ansteckende Christusliebe hätte keine derart explosive und kreative Gemeindekultur und -Musik entfesselt werden können.

In *Dafür lebe ich* beschreibt Brian Houston sehr anschaulich und authentisch seine Antriebskraft und innere Motivation, seine von Gott empfangene Berufung auszuleben. Und er wäre nicht Gründungsvater der derzeit vielleicht Aufsehen erregendsten jüngeren Gemeindebewegung weltweit, wenn dieser persönliche Einblick in sein eigenes Leben nicht mit der Herausforderung an die Leser einhergehen würde, es ihm gleichzutun. *Dafür lebe ich* ist ein leidenschaftliches und intensives Plädoyer: Dafür, sich nicht mit dem Status Quo abzufinden, sondern groß für Gottes Reich zu träumen. Die Schatten der eigenen Geschichte nicht als Begründung heranzuführen, dass ich für einen wirksamen geistlichen Dienst nicht tauglich bin, sondern stattdessen die Möglichkeiten Gottes in Augenschein zu nehmen. Ein wahrhaft inspirierendes Buch!

Arne Kopfermann im Februar 2009

Arne Kopfermann (www.arnekopfermann.de), Jahrgang 1967, ist Referent, Buchautor, Lobpreisleiter, Songschreiber und Musikproduzent und ca. 60 Tage im Jahr in verschiedenen Besetzungen zu Konzerten und Seminaren im deutschsprachigen Bereich unterwegs. Im März 2008 erschien sein 13. Album Geheimnisvoller Gott: *erdige und gitarrenlastige, aber vor allem leidenschaftliche Anbetung Gottes. Arne ist mit Anja verheiratet. Sie haben zwei Kinder und wohnen in Friedrichsdorf/Taunus.*

Vorwort von Brian Houston

Wenn ich morgens aufwache, kommt es vielleicht vor, dass ich mit der Entscheidung kämpfe, ob ich eine Runde laufen gehe oder nicht, aber ich frage mich nicht, was ich mit meinem Leben anfangen soll. Diese Entscheidung habe ich getroffen, als ich ein kleiner Junge war. Mein Vater war Pastor und als ich etwa fünf Jahre alt war, bekam ich eine Ahnung davon, dass mein Leben einen Sinn hat, der über mich hinausreichte – ich wollte ein geistlicher Leiter werden und die Gemeinde Gottes aufbauen. Ich wollte etwas für das Königreich Gottes tun, das einen Unterschied in der Welt bewirkte.

Verstehen Sie mich nicht falsch. Ich hatte nicht die geringste Vorstellung, was es heißt, ein Leiter zu sein und die Gemeinde Gottes aufzubauen; ich wusste auch nicht, welche Möglichkeiten und Herausforderungen mir auf diesem Weg begegnen würden. Aber auf dem ganzen Weg, den ich bisher in meinem Leben zurückgelegt habe, war dieser Wunsch immer in mir lebendig.

Und dennoch haben mich ein halbes Jahrhundert an Lebenserfahrung und mehr als dreißig Jahre Gemeindedienst gelehrt, dass meine Erfahrung nicht für jeden gilt. Vielleicht kämpfen Sie mit der Frage, warum Sie überhaupt auf diesem Planeten sind, was im Leben wirklich wichtig ist und welche Rolle Sie dabei spielen. Vielleicht haben Sie nach materiellen Gütern gestrebt, waren in ungesunden Beziehungen verstrickt oder haben versucht, Trost in Drogen und Alkohol zu finden. Alles in der Hoffnung, Erfüllung zu finden. Und doch sind Sie immer wieder zu dem Schluss gekommen, dass es im Leben noch etwas anderes geben muss.

Ich möchte Ihnen sagen, dass es wirklich so ist! Sie haben einen Vater im Himmel, der Sie für ein Ziel und für einen Plan auserwählt hat. Es gibt einen Grund für Ihr Leben. Dieser Grund umfasst die ganze Menschheit, hat aber auch Auswirkungen auf den Himmel. Er überdauert die Menschheitsgeschichte und verändert die Ewigkeit.

Ihr Leben ist nicht das Ergebnis eines machtlosen Schicksals. Es hat ein vorherbestimmtes Ziel, das der Vater festgelegt hat. Für einige mag dieser Gedanke völlig fremd sein, bei anderen hingegen ist diese Einsicht bereits in ihrem Herzen lebendig. Was auch immer Sie dazu bewegt hat, dieses Buch in die Hand zu nehmen: Meine Hoffnung ist es, dass die Wahrheiten Gottes, die Weisheit und die persönlichen Erfahrungen, die in diesen Seiten enthalten sind, Ihnen helfen werden: Eine tiefere Einsicht in das Ziel des Königs und seines Reichs zu gewinnen und zu verstehen, welche einzigartige Rolle Sie dabei spielen.

Jesus selbst hat uns gelehrt, zuerst nach dem Reich Gottes zu streben. Dieses Königreich ist kein mystischer Ort im Himmel. Alles im Herrschaftsbereich Jesu gehört dazu. Einen Auftrag des Königs zu haben, bedeutet, seinen Willen vom Himmel auf die Erde zu bringen. Den Auftrag des Königs zu entdecken, ist eine Offenbarung, die Ihr Leben verändern wird und die die Kraft besitzt, auch auf das Leben der Menschen einzuwirken, denen Sie begegnen.

Immer wieder habe ich erlebt, wie das Königreich Jesu Verzweifelte mit Hoffnung erfüllte und Sinnsuchende packte und ihrem Dasein einen neuen Sinn gab. Und plötzlich schien ihr Leben nicht mehr zwecklos. Mein Gebet ist, dass auch Sie aus Überzeugung sagen können: »Dafür lebe ich!«

Teil Eins

Für diesen Auftrag lebe ich

Kapitel 1

Sie wurden für den Auftrag Jesu geboren

Ihre Zeit läuft. Jeder von uns wird nur eine begrenzte Anzahl von Tagen auf diesem Planeten leben. Wir alle haben nur eine begrenzte Anzahl von Atemzügen und Herzschlägen zur Verfügung. Die Frage ist: Was werden Sie mit den Jahren, Monaten, Wochen, Tagen und Minuten tun, die Gott Ihnen gegeben hat?

Welches Ziel – wenn Sie eines haben – wird Ihr Leben bestimmen? Wie werden Ihre Nachkommen Sie in Erinnerung behalten? Welches Erbe werden Sie Ihrer Familie und zukünftigen Generationen hinterlassen? Die Antworten auf diese Fragen können nur Sie selbst geben.

In einer Gesellschaft, die oft von Skepsis und Zynismus geprägt ist, sucht jeder nach Antworten und nach etwas, woran er glauben kann. Unzählige Lebensziele, sowohl gute als auch schlechte, wollen unsere Hingabe, unsere Leidenschaft, unser Geld und unsere Zeit in Anspruch nehmen. Da gibt es unsere Familien, unsere Hypotheken, unsere Arbeit. Und dann auch noch die großen Aufgaben wie der Kampf gegen die Ungerechtigkeit, den Terrorismus, den Klimawandel. Die Liste scheint endlos zu sein.

Ich bin fest davon überzeugt, dass es ein Ziel gibt, das größer ist als alle anderen. Ein Ziel, das jeden Bereich unseres Lebens beeinflussen wird, wenn wir es mit ganzer Hingabe verfolgen. Es gibt jedem Tag Bedeutung, Richtung und einen Auftrag. Es hat Auswirkungen auf Ihre Entscheidungen und Ihr Leben; es macht Ihre Kinder zu Gewinnern. Es kann auf jeden Menschen abfärben, dem Sie begegnen.

> Ich bin fest davon überzeugt, dass es ein Ziel gibt, das größer ist als alle anderen.

Es ist der Auftrag Jesu Christi. Es gibt keinen größeren auf diesem Planeten.

Um die Kraft dieses Auftrags zu verstehen, müssen wir das Leben von Jesus betrachten. Vor etwa zweitausend Jahren stand er – vollkommen unschuldig und ohne Sünde – vor einem Richter und musste ein Trommelfeuer an Fragen über sich ergehen lassen, die darüber entschieden, ob er weiterleben durfte oder eines furchtbaren Todes sterben musste. Seine Gerichtsverhandlung ist die vielleicht bekannteste in der Menschheitsgeschichte. Bis auf den heutigen Tag streiten sich Menschen darüber, und sie ist Gegenstand zahlreicher Bücher und Filme. Jesus hatte keine große Schar von Anwälten, die ihm rieten, was er sagen oder wofür er plädieren sollte. Er weigerte sich sogar, sich gegen die ungerechten Anschuldigungen, die er erleiden musste, zur Wehr zu setzen. Stattdessen verkündete er eine so bedingungslose Wahrheit, die alle Anwesenden in sprachloses Erstaunen versetzte.

Ein römischer Statthalter, der nur darauf bedacht war, wie er eine blutdürstige Menschenmenge befriedigen konnte, stellte Jesus die alles entscheidende Frage: »Dann bist du also doch ein König?« Und er bekam eine kraftvolle, klare Antwort:

»Du sagst es: Ich bin ein König; du hast Recht«, erklärte Jesus. »*Dazu bin ich geboren*. Ich bin gekommen, um der Welt die Wahrheit zu bringen.«

Johannes 18,37 (Hervorhebung durch den Autor)

»Dazu bin ich geboren« ist ein Ausdruck voller Gewissheit und Überzeugung. Jesus Christus wusste genau, wer er war. Der Auftrag, für den er lebte, war unmissverständlich. Dieser Auftrag war ihm so wichtig, dass er sogar bereit war, dafür zu sterben.

Als Jesus von seinem bevorstehenden Tod redete, sagte er: »Doch eben deshalb bin ich ja gekommen!« (Johannes 12,27). Sein ganzes Leben war auf dieses wichtige Ziel ausgerichtet: »Dazu bin ich geboren«.

Warum sind Sie genau jetzt auf diesem Planeten?

Haben Sie auch solch eine Entschlossenheit und Gewissheit, wenn es um die wirklich wichtigen Fragen des Lebens geht? Wozu wurden Sie geboren? Warum sind Sie genau jetzt auf diesem Planeten?

Jemand hat einmal gesagt: »Jeder Mensch, der geboren wurde, muss auch sterben. Aber nicht jeder, der stirbt, hat auch wirklich gelebt.« Gott möchte nicht, dass Sie und ich eines Tages sterben und unser Potenzial nicht ausgelebt haben. Er möchte, dass Sie für etwas leben, für das es sich lohnt auch zu sterben. Wenn Ihr Leben wirklich auf das Königreich Gottes gegründet ist, werden Sie den Sinn und Zweck entdecken und Ihr Leben wird nicht mehr dasselbe sein.

Wozu sind wir geboren?

Ich hatte das Glück bei der Geburt unserer drei wunderbaren Kinder Joel, Ben und Laura dabei zu sein. Das Wunder, das sich da vor meinen Augen abspielte, machte mich sprachlos, ebenso die Kraft, die meine Frau Bobbie aufbrachte, um die Schmerzen zu ertragen. Ich werde das Gefühl purer Freude niemals vergessen, das ich empfand, als ich die Neugeborenen jeweils zum ersten Mal in meinen Armen hielt. Wie sie mich mit ihren großen Augen anblickten und versuchten, diese neue Welt außerhalb des Mutterleibes zu verstehen, in die sie gerade gekommen waren. In diesem Moment betete ich für ihre Zukunft, die Gott für sie bereithielt.

Wir alle kommen auf dieselbe Art und Weise auf diese Welt – nun, sagen wir mehr oder weniger. Wir haben eine Mutter, die meisten von uns werden im Krankenhaus geboren, wir alle müssen den ersten Schock von Lärm und grellem Licht ertragen. Allerdings unterscheiden sich die Umstände deutlich, in die wir hineingeboren werden. Vielleicht waren sie bei Ihnen alles andere als ideal. Vielleicht hatten Sie nie einen Vater an Ihrer Seite, der für Ihre Zukunft betete. Oder vielleicht war die familiäre Situation alles andere als viel versprechend oder Sie waren gar nicht gewollt.

Es kann schwer sein, die Wahrheit zu erfassen, dass Sie für einen Auftrag geboren wurden, der über Sie selbst hinausreicht. Durch Ihre Vergangenheit, Ihre Familienverhältnisse und Ihre bisherigen Entscheidungen sind Sie vielleicht zu der Überzeugung gelangt, dass

Ihr Schicksal besiegelt ist und Sie keine Möglichkeit haben, irgendetwas zu verbessern.

Ich möchte Ihnen mit so einfachen Worten wie möglich sagen, dass es ein »Deshalb« in Ihrem Leben gibt. Sie wurden geboren, weil der Vater im Himmel einen Plan für Ihr Leben auf dieser Erde hat. Er hat ein Ziel, das über Ihre Familie, Ihre Kindheit und Ihre Fehler hinausreicht. Es ist größer als die Schwierigkeiten, die Sie umgeben.

In der Hillsong-Gemeinde, die Bobbie und ich im Jahr 1983 gegründet haben und in der wir immer noch Pastoren sind, gibt es viele außergewöhnliche Menschen und erstaunliche Geschichten, aber nicht alle von ihnen hatten einen guten Start ins Leben. Wir haben zum Beispiel eine dynamische und begabte Leiterin in unserer Gemeinde, deren Leidenschaft es ist, Menschen auf den Weg Jesu zu bringen. Sie reist heute um die ganze Welt und ist eine gefragte Rednerin. Aber wenn Sie ihr vor zirka zwanzig Jahren begegnet wären, hätten Sie eine zornige junge Frau Anfang zwanzig getroffen, die mit Problemen zu kämpfen hatte, die mit ihrer griechisch-orthodoxen Erziehung, sexuellem Missbrauch und Minderwertigkeitsgefühlen wegen ihres sozialen Hintergrundes zu tun hatten.

Als sie ihr Leben Jesus Christus gegeben hatte, bekam es eine neue Richtung und einen Sinn, weil sie nun wusste, dass es einen wunderbaren, gottgegebenen Auftrag für sie gab. Christine engagierte sich in der Jugendgruppe unserer Gemeinde und ihr Leben nahm eine Wendung, die es ihr ermöglichte, loszulegen und das zu tun, was sie nur in ihren kühnsten Träumen für möglich gehalten hätte.

Und dennoch hört ihre Geschichte an diesem Punkt nicht auf. Kurz vor ihrem dreißigsten Geburtstag musste sie erfahren, dass sie bei ihrer Geburt zur Adoption freigegeben wurde. Diese Neuigkeiten waren ein tiefer Schock für sie und hätte sie leicht aus der Bahn werfen und dazu führen können, dass sie ihre Identität und ihren Wert wieder infrage stellte. Aber sie ist nicht einen Zentimeter von ihrem Ziel und ihrem Auftrag abgewichen. Unabhängig von den Umständen unter denen sie geboren wurde, wusste Christine, dass sie für das Königreich Gottes lebte und für seinen Auftrag. Nichts konnte das jemals ändern.

Ich weiß nicht, in welche Situation Sie hineingeboren wurden oder wie Sie aufwuchsen, aber wie es auch immer gewesen sein mag, es könnte an der unumstößlichen Wahrheit nichts ändern: Bevor Sie geboren wurden, kannte der Vater Sie bereits, gab Ihnen einen Auftrag und ein Ziel für Ihr Leben.

In der Bibel sagt Gott zu uns: »Ich kannte dich schon, bevor ich dich im Leib deiner Mutter geformt habe. Schon vor deiner Geburt habe ich dich dazu bestimmt, dass du den Völkern meine Botschaften überbringst« (Jeremia 1,5).

> Sie wurden für den König und sein Reich geboren.

David rief zum Herrn: »Du hast alles in mir geschaffen und hast mich im Leib meiner Mutter geformt« (Psalm 139,13).

Gott hat Sie gewollt, er hat einen Plan für Ihr Leben. Sie wurden für den König und sein Reich geboren.

Entgegen aller Probleme

Wenn Sie immer noch nicht überzeugt sind, bedenken Sie die Umstände der Geburt Jesu, die alles andere als ideal waren. In unserer heutigen Gesellschaft würde er vermutlich als Kind mit schwierigem sozialem Hintergrund bezeichnet werden. Erstens war seine Mutter noch minderjährig und zur Zeit seiner Zeugung noch nicht einmal verheiratet. Zweitens war Josef, den seine Mutter geheiratet hatte, nicht sein biologischer Vater. Drittens konnte sein *wirklicher* Vater als äußerst ungewöhnliches Wesen bezeichnet werden. Stellen Sie sich Jesus als kleinen Jungen vor, wie er den anderen Kindern in seinem Dorf erklären will, wer sein Vater ist. Wie schwer muss es gewesen sein, seinen Freunden zu erklären, dass tatsächlich Gott selbst sein Vater ist.

Seine Geburt wurde noch von einigen weiteren Umständen begleitet, die man als ungewöhnlich beschreiben könnte. Seine Mutter wurde zur Entbindung in eine andere Stadt gebracht und als Säugling wurde er sofort von einem paranoiden König verfolgt. Er kam auf keinen Fall in einem sterilen Kreißsaal zur Welt oder war sonst von Annehmlichkeiten umgeben. Oftmals sehen wir auf Weihnachtskarten Bilder von gemütlichen Krippenszenen, aber in

Wirklichkeit war der Stall vermutlich von Ratten und Ungeziefer bevölkert und ein stechender Gestank zersetzte die Luft. Von frühester Kindheit an musste Jesus einem enormen Druck standhalten. Im Alten Testament heißt es: »Seine Herrschaft ist groß« (Jesaja 9,6), also musste Jesus sehr viel erreichen. Die Bibel erzählt außerdem, dass die Engel bei Jesu Geburt sangen: »Ehre sei Gott im höchsten Himmel und Frieden auf Erden für *alle* Menschen, an denen Gott Gefallen hat« (Lukas 2,14, Hervorhebung durch den Autor). Aber nicht »alle Menschen« empfingen ihn mit derselben Herzlichkeit. Er wurde verachtet, verspottet und zum Tode verurteilt. Jesus musste mit der Ablehnung und den damit verbundenen Verletzungen umgehen, doch das hielt ihn nicht auf.

Bei einigen Menschen, die betrogen oder deren Vertrauen missbraucht wurde, bestimmt diese Erfahrung ihr ganzes Leben. Auch Jesus wurde verraten – genau genommen von seinen engsten Freunden. Jesus wurde auch ständig von den Pharisäern verfolgt, egal wohin er ging. Der permanente Angriff mit religiöser Gesetzlichkeit und Verfolgung hätte vermutlich jeden von uns gelähmt, aber dennoch meisterte er jede Herausforderung und überwand alle Hindernisse.

Von einem menschlichen Standpunkt aus gesehen, gab es sehr viele Gründe, die dafür sprachen, dass Jesus im Leben versagen würde. Aber noch zweitausend Jahre später beeinflussen seine Geburt, sein Leben und sein Tod die Welt. Es waren weder die Umstände seiner Geburt noch die Meinungen anderer Menschen, die sein Ziel oder den Sinn seines Lebens bestimmten.

> Jesus war nicht von Unsicherheit, Pessimismus oder Ablehnung geprägt, denn er wusste, dass er für den Vater im Himmel auf dieser Erde war.

Er war nicht von Unsicherheit, Pessimismus oder Ablehnung geprägt, denn er wusste, dass er für den Vater im Himmel auf dieser Erde war. Dieses Wissen, einen Auftrag zu haben, verleiht *allem* die richtige Perspektive – vor allem in schweren Zeiten.

Auch Sie leben mit einem Auftrag. Wenn Sie einmal verstanden haben, welche Macht der Auftrag Gottes in Ihrem Leben hat, werden sich die richtigen Prioritäten einstellen. Dann werden Sie zu dem Menschen, zu dem Gott Sie berufen hat.

Sie werden nicht mehr länger von den Umständen Ihrer Geburt oder den Begrenzungen Ihres familiären Hintergrundes bestimmt, sondern Sie können vorangehen und Gottes großartigen Plan für Ihr Leben erfüllen.

Vielleicht sind in Ihrer Vergangenheit furchtbare Dinge vorgefallen, aber die Macht dieser negativen Ereignisse kann gebrochen werden, sodass Sie nicht mehr von ihnen beherrscht werden müssen.

Ich möchte Sie ermutigen, die Tatsache, dass Sie für einen großartigen Auftrag bestimmt sind, in Ihr Herz zu lassen. Nehmen Sie Zuflucht beim Wort Gottes und lassen Sie Ihre Seele von den Verheißungen Gottes durchdringen. Lassen Sie von Gott Ihre Denkweise verändern (Römer 12,2) und erfrischen, und beginnen Sie, sich so zu sehen, wie der Herr Sie sieht. Ich weiß aus Erfahrung, dass es keine größere Belohnung im Leben gibt, als das Ziel Gottes in unserem Leben zu entdecken und zuzulassen, dass es Ihrer Vision und Ihrem Leben neue Kraft schenkt.

> Lassen Sie sich nicht von äußeren Umständen beherrschen, sondern gehen Sie voran und erleben Sie Gottes großartigen Plan für Ihr Leben.

Bobbie und ich haben das Vorrecht, als Pastoren die Hillsong-Gemeinde zu leiten, die meiner nicht ganz objektiven Meinung nach großartig ist. Seit mehr als zwanzig Jahren nimmt sie zu an Größe, Einfluss und Effektivität. Aber wenn Sie mich als siebzehnjährigen jungen Mann getroffen hätten, hätten Sie mich vermutlich nicht in die Kategorie »höchstwahrscheinlich erfolgreich« gesteckt. Obwohl ich mit einer großartigen Familie, vier Geschwistern, einer liebevollen Mutter und einem fantastischen Vater gesegnet war, war ich als Jugendlicher sehr unbeholfen. Ich war alles andere als ein guter Schüler und musste beim Predigen immerzu blinzeln. Aber tief in meinem Inneren wuss-

> Ich habe mein Leben nie unter dem Gesichtspunkt betrachtet, was mir fehlt oder was in meiner Vergangenheit geschehen ist, sondern nur unter dem Blickwinkel, dass ich für den König und sein Reich geboren wurde.

te ich, dass ich für ein Ziel lebte, das über mich hinausging. Und nach und nach offenbarte mir Gott den Auftrag, für den ich auf dieser Erde lebte, um ihn zu erfüllen.

In der Bibelschule lernte ich als junger Mann eine wichtige Lektion, die ich niemals vergessen habe: Egal, was im Leben geschieht, man sollte es niemals zulassen, eine verletzte Seele in sich zu tragen.

Und deshalb betrachte ich mein Leben nie unter dem Gesichtspunkt, was mir fehlt oder was in meiner Vergangenheit geschehen ist, sondern nur unter dem Blickwinkel, dass ich für den Auftrag des Königs und für sein Reich geboren wurde. Diese Einstellung hat es mir ermöglicht, über Unzulänglichkeiten, Mängel oder Gefühlen zu stehen, die mich sonst mit großer Sicherheit eingeengt oder gefangen genommen hätten. Ich musste einige harte Schicksalsschläge in meinem Leben hinnehmen, aber ich weiß, dass mein Leben auf Jesus gegründet ist!

Also, warum leben Sie heute auf dieser Erde? Es ist kein purer Zufall. Denken Sie einmal darüber nach: Vom Augenblick Ihrer Zeugung an gehören Sie zu den unglaublichen Erfolgsgeschichten. Es gibt nicht den geringsten Zweifel, wer Sie sind und wozu Sie geschaffen wurden. Wenn Gott Ihnen diese Offenbarung ins Herz schreibt, werden Sie durch nichts von Ihrem Weg abgebracht werden, ganz egal, was Ihnen im Leben zustößt.

Zu wissen, dass Sie für einen Auftrag geboren wurden, wird Sie befähigen, vorwärts zu gehen und sich für das Ziel und die Pläne des Vaters zu öffnen und sich in seine Hände fallen zu lassen.

Kapitel 2

Bringen Sie den Auftrag Ihrer Gemeinde voran

Die Liebe ist etwas Sonderbares. Sie kann Menschen dazu bringen, vollkommen verrückte Sachen zu tun. Einige versuchen sogar, zwei Leidenschaften miteinander zu verbinden – wie der Mann, der 2007 versuchte, 2,5 Millionen Dollar aufzubringen, um einen dreißig Sekunden langen Werbespot im Finalspiel des American Football zu schalten, damit er seiner Freundin, mit der er fünf Jahre zusammen war, einen Heiratsantrag machen konnte. Obwohl er den Spot sogar schon gedreht hatte, wollte keiner der Sponsoren die begehrteste Sendezeit im amerikanischen Fernsehen für ihn aufgeben.

Was würden Sie für die Liebe tun? Die Liebe des Vaters für mich und für Sie war so stark, dass er seinen Sohn Jesus auf die Welt geschickt hat. In Johannes 3,16 heißt es: »Denn Gott hat die Welt so sehr geliebt, dass er seinen einzigen Sohn hingab, damit jeder, der an ihn glaubt, nicht verloren geht, sondern das ewige Leben hat«. Das nenne ich Liebe.

Der Auftrag Jesu steckt im Prinzip in diesem einen Satz, »damit jeder, der an ihn glaubt, nicht verloren geht, sondern das ewige Leben hat«. Jesus ist für alle Menschen die Brücke zu Gott dem Vater und zur Ewigkeit. Er ist gekommen, um Sie zu finden und Sie mit der Hoffnung, der Zukunft und dem Plan für die Ewigkeit vertraut zu machen, die der König für Ihr Leben bereithält.

Wenn es Gott nur darum ginge, dass Sie an ihn glauben sollen, könnten Sie auf den Gedanken kommen, er würde Sie sofort zu sich in den Himmel holen, sobald Sie ihm Ihr Leben gegeben haben. Sie sprechen ein Übergabegebet und *wumm*, ab in den Himmel. Aber nein, der Herr belässt uns hier auf der Erde, und zwar aus gutem Grund. Wir Christen werden zu seinen Händen und Füßen auf diesem Planeten, und unser Part in seinem Plan für die Ewigkeit ist sowohl wichtig als auch eine große Ehre für uns.

Als Teil des Leibes Christi, der die ganze Welt umfasst, wurden Sie von ihm beauftragt, Menschenfischer zu werden (Matthäus 4,19). Wir als die Gemeinde Gottes werden zu einem großartigen Netz der Errettung und bringen Antworten, Hoffnung und Liebe zu den Menschen, die noch nicht an ihn glauben.

Jesus hat seinen Jüngern einen großartigen Auftrag gegeben, kurz bevor er von den Pharisäern verhaftet und zum Tode verurteilt wurde:

Matthäus 28,18-20

Jesus kam und sagte zu seinen Jüngern: »Mir ist alle Macht im Himmel und auf der Erde gegeben. Darum geht zu allen Völkern und macht sie zu Jüngern. Tauft sie im Namen des Vaters und des Sohnes und des Heiligen Geistes und lehrt sie, alle Gebote zu halten, die ich euch gegeben habe. Und ich versichere euch: Ich bin immer bei euch, bis ans Ende der Zeit.«

Matthäus 28,18-20

Letztendlich sind Sie und ich das Ergebnis des Gehorsams der ersten Jünger gegenüber diesem Auftrag, genauso wie zukünftige Generationen von Gläubigen das Ergebnis unseres Gehorsams demselben Auftrag gegenüber sein werden.

Sie sind auf dieser Welt, um ihr zu zeigen, wer Jesus ist. Ihr Zeugnis, Ihr Glaube und Ihre Hingabe für das Königreich Jesu soll andere Menschen in die Beziehung zu dem einen Gott bringen, der sie liebt.

Das griechische Wort für Gemeinde, ecclesia, bedeutet »die Herausgerufenen«. Sie wurden vom Herrn auserwählt und herausgerufen; nicht damit Sie von dieser Welt weggehen, sondern um ein Licht für eine Welt zu sein, die Glauben noch lernen muss.

> Jesus ist das Licht der Welt.
> Die Gemeinde ist der Leuchtturm,
> mit dem Gott die Welt erhellt.

Jesus fordert uns auf, unser Licht leuchten zu lassen, »damit alle [es] sehen können und euren Vater im Himmel dafür rühmen« (Matthäus 5,16).

Er ist das Licht, aber die Gemeinde – Sie und ich eingeschlossen – ist der Leuchtturm, die Glühbirne, mit der er die Welt erleuchtet. Ein Leben, das für das Königreich Jesu brennt, leuchtet hell und wie Falter vom Licht angezogen werden, so zieht dies Leben Menschen zu dem Gott, der in Ihnen lebendig ist.

Tote Religion

Während eines Aufenthaltes in Deutschland besuchte ich eine der berühmtesten Kathedralen von München. Vor allem erinnere ich mich an einen Schaukasten an der Wand, in dem ein Skelett ausgestellt war. In anderen Kathedralen, die ich besichtigt habe, sind die Grabsteine von Gläubigen aus vergangenen Jahrhunderten in die Wand oder den Boden einzementiert und die Touristen mit Kameras gehen aus und ein, um Fotos von den prachtvollen Bleiglasfenstern zu schießen. Obwohl diese Kirchen wunderschön sind, sind sie doch zu Touristenattraktionen geworden, die mehr für ihre Architektur als für die Gegenwart Gottes und seines Volkes bewundert werden.

Das entspricht ganz und gar nicht dem Plan des Vaters für seine Gemeinde. Er hat seine Gemeinde berufen, einen mächtigen Einfluss in dieser Welt zu haben. Es entspricht dem Willen des Herrn, dass der Leib Christi ein lebendiger, dynamischer Organismus ist, der Leben hervorbringt und Leben verändert.

Jesus lebte für diesen Auftrag und die Gemeinde ist nach Gottes Vorstellung das Instrument, um diesen Auftrag zu erfüllen – ein Auftrag, der durch drei dynamische Faktoren beeinflusst wird: 1. Jesus Christus, 2. der Heilige Geist und 3. die Gemeinde.

Es ist tragisch, dass die Gemeinde in manchen Zeiten den Auftrag Jesu aus den Augen verloren hat. Gesetzlichkeit und Rituale haben sich eingeschlichen und die Freiheit ersetzt, Jesus Christus in Geist und Wahrheit anzubeten. Die traurige Wahrheit ist, dass die Gemeinde tot und bedeutungslos wird, wenn die Kirche die Rechnung ohne Jesus Christus und den Heiligen Geist macht.

Experten für Gemeindewachstum haben festgestellt, dass sich in unserer sich ständig wandelnden Gesellschaft einige Bereiche der Kirchen und Gemeinden im Abstieg befinden. Ich glaube, dass Gottesdienstbesucher heutzutage keine leeren Rituale haben wollen, sie sehnen sich nach Inhalten und Authentizität. Sie wollen sich selbst im Lobpreis und in der Anbetung ausdrücken und eine biblische Lehre hören, die sie in ihrem Alltag anwenden können. In Australien haben Umfragen ergeben, dass Gläubige die Gemeinde *sein* und nicht nur einfach in die Gemeinde *gehen* wollen. Mit anderen Worten: Sie möchten ihren Glauben so leben, dass er für andere Menschen einen positiven Unterschied in dieser Welt bewirkt.

Es ist kein Zufall, dass Gemeinden, die Jesus Christus wirklich die Ehre geben und die Kraft des Evangeliums in verständlicher Weise vermitteln, wachsen und immer zahlreicher werden. Oftmals sage ich, dass es völlig gleichgültig ist, welches Konfessionsschild über der Kirchentür hängt, solange der Name Jesu und die Wahrheit seines Wortes verkündet werden. Nur der Name Jesu bringt anderen Menschen Antworten, Freiheit und wahre Erfüllung.

Gottes Auftrag und die Gemeinde

Ich bin begeistert von Ortsgemeinden. Schon von Kindesbeinen an war ich am Gemeindeleben beteiligt, und ich würde diese Erfahrungen für nichts auf dieser Welt missen wollen. Ich liebe meine Arbeit und besonders das Privileg, ein Teil dessen zu sein, was Jesus tun möchte – seine Gemeinde aufzubauen.

Jesus hat gesagt: »Auf diesen Felsen will ich *meine Gemeinde bauen*, und alle Mächte der Hölle können ihr nichts anhaben« (Matthäus 16,18; Hervorhebung durch den Autor).

Die Mächte der Hölle versuchen vielleicht, Menschen von einer Beziehung mit dem Vater abzuhalten, aber Jesus hat versprochen, dass sie keinen Erfolg haben werden. Am Kreuz hat Jesus den Kerker aufgeschlossen und uns alle aus dem Gefängnis des Todes befreit. Er hat uns die Verheißung des ewigen Lebens gegeben. Heute ist es seine Gemeinde, die Menschen mit seiner Verheißung bekannt macht. Wenn die Gemeinde tatsächlich als Gemeinde Gottes lebt, leidenschaftlich den Auftrag Jesu verfolgt und voller Hingabe daran mitwirkt, dass sein Königreich gebaut wird, lassen wir tatsächlich

Gottes Licht (Wahrheit, Hoffnung und Vollmacht) in eine Welt scheinen, die sonst ziemlich finster wäre.

Leider gibt es einige Menschen, die zwar sagen, sie würden Gott lieben, aber die Gemeinde nicht mögen. Sie verachten damit genau das, was Jesus liebt und das er aufbauen möchte. Es gibt andere Menschen, die die Welt zu überzeugen versuchen, dass die Gemeinde Christi in völliger Bedeutungslosigkeit versinken wird. Aber die Wahrheit ist, dass seine Kirche lebt und immer weiter wächst. Um 1900 gab es ungefähr 558 Millionen Christen auf der Welt. Zu Beginn des 21. Jahrhunderts waren 33 Prozent der Weltbevölkerung Christen, das sind etwas 2,1 Milliarden Menschen. Das ist ziemlich erstaunlich, wenn wir etwa zweitausend Jahre zurückblicken und sehen, dass Jesus zwölf zweifelhafte Kandidaten ausgewählt hatte, die seine Jünger werden sollten.

Wir von Hillsong haben uns Gottes Auftrag für Ortsgemeinden verpflichtet. All unsere Projekte – von unseren Konferenzen bis zu den Liedern, die wir schreiben – sind von dem unverrückbaren Glauben getrieben, dass Gott durch Gemeinden aller Formen, Größen und Denominationen das Leben von Menschen verändert und einen positiven Unterschied in unserer Gesellschaft bewirkt.

Seit mehr als zwei Jahrzehnten haben wir die begleitet, die mit lebensbedrohlichen Krankheiten, gescheiterten Ehen und dem Verlust geliebter Kinder kämpfen mussten. Wir durften erleben, wie vereinsamte Menschen eine liebevolle Gemeinde gefunden haben. Wir haben Siege gefeiert mit Abhängigen, die ihre Süchte überwanden oder den Mut aufbrachten, den Schmerz der Vergangenheit zu bewältigen. Wir haben begeistert Beifall geklatscht, als junge Menschen Prüfungen bestanden haben, ihren Universitätsabschluss in der Tasche hatten oder den ersten Job ergatterten. Wir haben Verlobungen, Hochzeiten, Geburten, Geburtstage und Jubiläen gefeiert und erlebt, wie Menschen zu Gott heimgingen.

> Die Gemeinde ist mehr als eine sonntägliche Kuschelecke. Sie soll lebendig, aktiv und hingegeben Nichtchristen mit Jesus bekannt machen.

In der Gemeinde geht es nicht um Gebäude oder Strukturen und sie sollte auch nicht den Kontakt zu den normalen Menschen und ihrem normalen Leben verlieren. Denn in der Gemeinde geht es um die Menschen. Sie soll eine liebevolle Familie sein, die bereit ist, die Gnade und Liebe von Jesus Christus zu anderen weiterzutragen, wo auf ihrem Weg auch immer sich diese befinden.

Die Gemeinde darf nicht menschlichen Vorhaben bestimmt werden oder ein Ort der Manipulation, Kontrolle oder Habgier sein. Sie soll auch mehr sein als eine sonntägliche Kuschelecke für Christen. Sie ist eine Gemeinschaft von Menschen, die das lieben, was der Herr liebt – seine Gemeinde und Menschen. Sie soll lebendig, aktiv und hingegeben daran arbeiten, Nichtchristen mit Jesus bekannt zu machen.

Die Kraft, verwurzelt zu sein

In einer Ortsgemeinde verwurzelt zu sein hat unglaublichen Segen für mein Leben und das meiner Familie gebracht. Und ich habe auch erlebt, welch positiven Einfluss die Gemeinde auf einzelne Personen, ganze Familien, junge und nicht mehr ganz so junge Leute, Einsame und Menschen mit Problemen gehabt hat.

Eine meiner liebsten Bibelverse stehen in Psalm 92,13-16:

> Die Gottesfürchtigen werden gedeihen wie Palmen und wachsen und stark werden wie die Zedern auf dem Libanon. *Denn sie sind im Hause des Herrn gepflanzt und blühen in den Vorhöfen unseres Gottes.* Noch im hohen Alter werden sie Frucht bringen und werden grün und lebendig bleiben, um zu bezeugen, dass der Herr gerecht ist (Hervorhebung durch den Autor).

Wir alle sollten uns danach ausstrecken, »Bäume von hohem Alter« zu werden, voller Lebendigkeit und überfließender Gnade, voller Liebe, Zufriedenheit und Vertrauen. Wenn Sie im Hause des Herrn gepflanzt und verwurzelt sind – was etwas anderes ist, als nur ab und zu den Gottesdienst zu besuchen –, haben Sie direkten Anschluss und empfangen all die Nährstoffe und das Wasser, das Sie brauchen, damit Ihr Leben und Ihr Glauben wächst und gedeiht und Früchte trägt.

Dieser Bibelvers überträgt mir als Gemeindeleiter auch eine unglaubliche Verantwortung und stellt für mich eine große Herausforderung dar. Wenn es der Wille des Vaters ist, dass Menschen wachsen und gedeihen, muss ich mir die Frage stellen: »Können Menschen unter meiner Leitung wachsen und gedeihen?« Wenn sie nicht wachsen können, warum sollten Menschen hier bleiben und in unserer Gemeinde Wurzeln schlagen?

Als Pastor arbeite ich nicht nur, um Gemeinde zu bauen und damit meinen Dienst oder meine eigene Vision zu verwirklichen; ich möchte auch eine Gemeinde bauen, die Menschen freisetzt, ihr gottgegebenes Potenzial zu verwirklichen. Ich muss alles daransetzen, dass unsere Vision, die wir verfolgen, wirklich von Gott kommt und sie Menschen den Freiraum schenkt, zu wachsen und ihre Träume und Herzenswünsche Wirklichkeit werden zu lassen.

> Ich möchte eine Gemeinde bauen, die Menschen freisetzt, ihr gottgegebenes Potenzial zu verwirklichen.

Wenn Sie Ihren Alltag, Ihre Vision und Ihr Ziel mit Gottes Gemeinde verbinden, wird das Ihr Leben umgestalten und Sie befähigen, auch anderen Menschen zu ermöglichen, dass sie frei werden für Gottes Ewigkeit. Sie sind ein wichtiger Teil von Jesu Leib – seiner Gemeinde. Durch Sie wird das Königreich Gottes hier auf Erden errichtet und in Ihrem Leben wird es vorwärtsgehen.

Ihr Glaube an Jesus Christus und Ihre Gaben, die mit meinem Glauben und meinen Gaben und denen von anderen Christen zusammenwirken, schenken uns die wunderbare Gelegenheit, einer leidvollen Welt Antworten zu geben.

Teil Zwei

Der Auftrag und die Vision

Kapitel 3

Ihre Vision, sein Auftrag

Ich kann mich noch gut an zwei junge Männer erinnern, die jeder für sich Träume und Ziele für Ihre Zukunft hatten. Beide erzählten mir in einem persönlichen Gespräch von ihrer Vision. Sie hatten beide das Potenzial und die Zeugnisse, um in der Geschäftswelt wirklich großen Erfolg zu haben.

Der Erste schwärmte von seiner Vision: »Brian, mein Ziel ist es, mit dreißig Millionär zu sein!« Er hatte sich selbst ein Ziel gesetzt und er hatte offensichtlich die Entschlossenheit und das Potenzial, es auch zu erreichen. Nur leider ist heute von diesem jungen Möchtegern-Unternehmer nichts zu hören oder zu sehen, auch wenn er erfüllt war von seiner Vision. Es kommen unweigerlich harte Zeiten und seine Vision allein reichte nicht aus, um ihn durchhalten zu lassen. Heute ist er weit über dreißig und sein Ziel ist immer noch nicht verwirklicht.

Die Vision des zweiten jungen Mannes beeindruckte mich schon mehr, auch wenn sie sogar noch ehrgeiziger klang als die erste. »Brian«, sagte er, »meine Vision ist, die Rettung der Welt mit zu finanzieren.« Für ihn war ein Geschäft ein Mittel, um großartige Dinge für den Herrn und sein Königreich zu vollbringen. Auch er musste in all den Jahren schwierige Zeiten durchmachen, aber er hat seine Vision niemals aufgegeben und ist niemals vom Weg abgekommen.

> Eine Vision ohne Auftrag ist kaum mehr als eine Reihe persönlicher Vorsätze.

Es ist großartig, ehrgeizige Ziele und Visionen im Leben zu haben, aber die Tatsache, dass die Vision des zweiten Mannes mit einem Auftrag verbunden war, verlieh ihm Kraft, Ausdauer und viel größeren Antrieb.

Eine Vision ohne Auftrag ist nur wenig mehr als eine Reihe persönlicher Vorsätze. Im Gegensatz dazu ist eine Vision, die mit einem

Auftrag verbunden ist, deutlich mehr als ein Glücksspiel, bei dem man einen Zufallstreffer landen kann oder auch nicht. Wenn Sie für ein höheres Ziel oder einen höheren Auftrag leben, gehen Sie den Weg eines Überwinders und erfüllen den Plan, den Gott für Ihr Leben bereithält.

Vision und Auftrag

Über die Jahre ist bereits sehr viel über Visionen gesagt und geschrieben worden, und zweifellos schenkt uns eine Vision eine Richtung und einen Sinn im Leben. Ich selbst verbringe sehr gerne Zeit damit, mit visionären Leitern zu reden oder über sie zu lesen. Sie fordern mich heraus und inspirieren mich. Wenn man sich mit der Vision eines anderen Menschen beschäftigt, ist das so, als würde Stahl anderen Stahl scharf wetzen und kreative und innovative Ideen ins Leben gerufen werden. Ich werde ermutigt, voranzugehen, hin zu dem Traum für mein eigenes Leben, für unsere Hillsong-Gemeinde und für jeden Mensch und jede Familie, die durch unseren Dienst und unsere Evangelisationen erreicht werden.

In Sprüche 29,18 lesen wir, dass Menschen ohne eine Offenbarung von Gott, ohne seine Vision, ein halt- und zielloses Leben führen. Ihnen fehlt die Richtung, die Überzeugung und die Hingabe. In einem Leben mit Vision hingegen geht es voran auf dem Weg nach Gottes Plan.

Der Herr sagte zu Habakuk: »Was ich dir jetzt zeigen werde, sollst du säuberlich auf Tafeln schreiben, damit es jeder mühelos im Vorbeigehen lesen kann« (Habakuk 2,2).

> In einem Leben mit Vision geht es voran auf dem Weg nach Gottes Plan.

Eine konkrete Vision gibt uns einen Grund, voranzugehen, und ein Ziel, für das es sich lohnt zu arbeiten. Sehr viele Menschen haben Visionen und sind bereit, für diese zu leben, sie schaffen es aber nicht einmal über die Startlinie. Was macht den Unterschied aus? Nun, eine Vision ist nur so ertragreich wie der Anlass der dahintersteckt.

Unsere Vision sollte aus der wachsenden Erkenntnis von Jesus und seinem Auftrag für unser Leben fließen. Ohne diese Erkenntnis, so erfahren wir aus Sprüche 29,18, verliert das Volk jeden Halt.

Jesu Auftrag wird Ihrer Vision neue Kraft schenken und Ihnen Füße geben, die Sie bis zum Ende tragen. Wenn Sie Ihre Motivation, Ihr Denken, Ihre Talente, Ihre Zeit und Ihre Beziehungen auf das Ziel des Königs ausrichten, kommt das Prinzip von Ursache und Wirkung zum Tragen. Alles, was Sie in die Hand nehmen, zeigt eine größere Wirkung und wird zu einem Katalysator für weitere Erfolge.

Die Vision meines Lebens wurde durch die Hingabe an den Auftrag Jesu Christi gestärkt und mit Kraft erfüllt. Nur aus meiner eigenen Entschlossenheit und mit meinen eigenen Fähigkeiten wäre ich niemals so weit gekommen. Und nur die Gnade Gottes hat es bewirkt, dass durch meinen Pastorendienst eine Gemeinde aufgebaut wurde, die voller Einfluss und Möglichkeiten steckt. Eine Vision alleine hätte das nicht bewirken können.

Ich könnte über viele Dienste in unserer Gemeinde berichten, aber der bekannteste ist sicherlich der Hillsong-Lobpreis. Über die Jahre hat unsere Musik weltweit mehr als dreißig Gold- und Platinpreise bekommen und wird in mehr als achtzig Ländern verkauft. In den vergangenen Jahren ist eine neue Generation von Musikern und Songschreibern aus unserem Jugenddienst hervorgegangen. Ihre kraftvolle und leidenschaftliche Lobpreis- und Anbetungsmusik hat Christen aus unserer Gemeinde und in der ganzen Welt miteinander verbunden.

Ich werde oft gefragt, warum unsere Musik so weit verbreitet ist. Sicherlich habe ich hart dafür gearbeitet, eine Gemeinde zu leiten, die Lieder schreibt und aufnimmt und so von der Größe des allmächtigen Gottes Zeugnis gibt. Aber der Erfolg dieser Musik kann nicht nur in dieser Vision liegen. Der Schlüssel, um den fortwährenden Erfolg des Hillsong-Lobpreises zu verstehen, liegt viel tiefer. Unsere Gemeinde wurde vom Auftrag Jesu und seiner Gemeinde gepackt. Unsere Songschreiber, unsere Musiker und die anderen Gemeindeglieder sind von dem Anliegen erfüllt, dem Ziel des Königs und seines Reiches zu dienen. Lange bevor diese Stücke auf einem Album erscheinen, werden sie als Lobpreis- und Anbetungslieder in unseren

Gottesdiensten gesungen. Sie sollen Menschen in die Gegenwart Gottes führen und seinem Namen Ehre erweisen.

Wenn Ihre Vision mit dem Auftrag Jesu verbunden ist, steckt in allen Ihren Taten und Handlungen Kraft und Vollmacht. Obwohl eine Vision eine fantastische Sache ist, hat der dahinterliegende Auftrag dennoch eine größere Bedeutung als Ihre Vision.

Eine Vision ist etwas, das Sie haben können, mit dem Auftrag verhält es sich umgekehrt: Er hält Sie in der Hand

Jesus war von dem Auftrag seines Vaters ergriffen und ihm völlig hingegeben. Er bestimmte und beeinflusste jeden Teil seines Lebens. Es war nichts, was er in seinen Händen hielt und das er wie einen Gegenstand festhalten oder loslassen konnte. Im Gegenteil: Der Auftrag hielt ihn. Der Auftrag des Vaters hatte Macht über ihn. Kein Schmerz, keine Verfolgung, keine religiösen Widersacher oder irgendwelche Hindernisse oder Chancen konnten ihn davon abbringen.

Selbst im Angesicht des Todes konnte Jesus beten: »Mein Vater! Wenn dieser Kelch nicht an mir vorübergehen kann, dann geschehe dein Wille« (Matthäus 26,42). Jesus war vollkommen von diesem Auftrag erfüllt.

Genauso gilt: Wenn Sie sich dem Auftrag des Vaters hingeben, müssen Sie sich nicht selbst eine Vision für Ihr Leben ausdenken. Sie ergreift Sie und beginnt, jede Ihrer Handlungen zu beeinflussen. Sie werden ein Leben führen, das den Vater ehrt und es dient dazu, sein Königreich in dieser Welt wachsen zu sehen.

> Der Auftrag Jesu steckt Ihr Herz in Brand und schenkt Ihnen die Ausdauer, Herausforderungen mutig anzugehen, und die Bereitschaft, alles auf sich zu nehmen, was notwendig ist.

Der Auftrag Jesu hält Sie fest in der Hand und schenkt Ihnen jeden Tag neu Richtung, Sinn und einen Blick für die Ewigkeit. Er steckt Ihr Herz in Brand und schenkt Ihnen die Ausdauer, Herausforderungen mutig anzugehen, und die Bereitschaft, alles auf sich zu nehmen, was notwendig ist.

In den folgenden Kapiteln werde ich noch mehr zum Ziel dieses Auftrages schreiben, aber auf jeden Fall steht fest, dass jeder Mann und jede Frau, die von diesem Ziel geleitet werden, einen großen Vorteil im Leben hat. Auftrag und Vision befinden sich in einem endlosen Fluss, und wenn Sie das verstanden haben, kommen Sie dem Leben näher, das der Apostel Paulus geführt hat. Sie vergessen, was hinter Ihnen liegt und strecken sich nach dem aus, was vor Ihnen liegt. Sie wollen »den Preis [...] gewinnen, für den Gott uns durch Christus Jesus bestimmt hat« (Philipper 3,14). Erfüllt dieser Auftrag bereits Ihr Leben oder versuchen Sie noch, aus Ihrer eigenen Vision Kraft zu ziehen?

Eine Vision kann etwas Persönliches sein, aber ein Auftrag umfasst mehr als nur den einzelnen Menschen

Vielleicht stellt für Sie die Vision kein Problem dar. Sie kennen die Richtung, in die Ihr Leben sich bewegen soll und können darüber mit großer Begeisterung und Freude sprechen. Vielleicht haben Sie Ihre Vision sogar ausformuliert und sich selbst Ziele für die nächsten zwei, fünf oder zehn Jahre gesteckt. Eine Vision kann nur unsere eigenen Ziele und Interessen betreffen, während ein Auftrag über unser eigenes Leben hinausgeht. Er übersteigt den einzelnen Menschen oder die Organisation. Ich habe meine eigene Vision und unsere Gemeinde hat auch eine sehr genaue Vision, die wir folgendermaßen formuliert haben:

> Wir wollen die Welt erreichen und sie verändern, indem wir auf biblischer Grundlage eine große Gemeinde bauen, die *Jesus Christus* als Zentrum hat. Wir wollen Meinungen verändern und Menschen in allen Bereichen des Lebens befähigen, zu leiten und Einfluss zu nehmen.

Unsere Vision ist klar, kurz und bündig und sagt, was und wen wir erreichen wollen. Und? Sie wäre vollkommen kraftlos, wenn sich unser Dienst nur um uns und unsere Vision drehen würde.

Der Auftrag Jesu ist nicht nur unsere eigene Angelegenheit. Er geht über den einzelnen Menschen, den einzelnen Dienst, die einzelne Evangelisation oder die einzelne Gemeinde hinaus.

Ich bin natürlich begeistert, wenn Menschen die Vision unserer Gemeinde verstehen und sich mit ihr identifizieren können. Aber als Gemeindeleiter bin ich mir auch bewusst, dass der Auftrag Gottes viel machtvoller im Herzen einer Gemeinde wirkt als eine Vision oder ein Vorsatz. Wenn unsere Gemeinde den Auftrag Jesu in ihrem Herzen trägt und unsere Vision diesen Auftrag widerspiegelt und ihm dient, werden Menschen bereit sein, unsere Vision zu teilen. Und noch mehr: Auch ihr eigenes Leben wird von einer persönlichen Vision erfüllt werden, weil der größere Auftrag sie ausrichtet und inspiriert.

> Der Auftrag Jesu ist nicht nur unsere eigene Angelegenheit.

Das Schöne an Jesus und seinem Auftrag ist: Wir alle spielen eine wichtige Rolle darin. Es gibt Raum für verschiedene Visionen und Ziele, aber sie alle sind in demselben Auftrag umfasst.

Stellen Sie sich nur vor: Politiker, Unternehmer, Künstler, Angestellte, Dienste und Familien, die alle von einer eigenen Vision erfüllt sind, die ihre Kraft aus dem übergeordneten Auftrag erhält. Eine Vision zu haben ist wichtig, aber wichtiger ist der Auftrag. *Reicht Ihre Vision über Sie selbst hinaus?*

Eine Vision kann für Sie da sein, aber Sie sind für den Auftrag da

Als ich einmal auf einer Dienstreise war, holte mich der Jugendleiter der Gemeinde, in der ich sprechen sollte, vom Flughafen ab. Ich stellte ihm Fragen über seine Arbeit und er begann zu erzählen, wie frustriert er sei, weil der Pastor der Gemeinde sich nicht hinter seine Vision für die Jugend stellen wollte. Ich antwortete ihm: »Es ist nicht der Job deines Pastors, sich hinter deine Vision zu stellen.

Es ist dein Job, die Vision deiner Gemeinde zu erkennen und dieser Vision durch deine Arbeit zu dienen.«

Sein Fehler bestand darin, anzunehmen, dass seine Gemeinde allein für ihn und seine Vision da wäre. Aber in Wirklichkeit war er da, um den Auftrag Jesu auszuführen und ihm durch die Vision seiner Gemeinde zu dienen. Er hingegen ging davon aus, dass die Gemeinde um seinetwillen existierte.

Viele Menschen tappen in dieselbe Falle. Ich erinnere mich an einen jungen Arzt, der gerade dabei war zu promovieren. Er hatte während seines Studiums hart gearbeitet und bereits viel Erfahrung gesammelt und konnte auf eine gut bezahlte Stelle in einer bekannten Klinik hoffen. Er hatte immer davon geträumt, dass der Arztberuf ihm viel Geld, großartige Möglichkeiten und ein leichtes Leben bescheren würde. Dann stand er an einem Punkt, wo dies alles in greifbare Nähe gerückt zu sein schien. Als er eines Tages beiläufig in einem Fachjournal blätterte, las er einen Artikel darüber, welche Folgen AIDS für die Kinder in Afrika hatte und sein Herz wurde angerührt. Bald darauf erkannte er, dass eine Vision mehr bedeuten konnte, als nur seine eigenen Pläne zu verwirklichen. Das Mitleid bewegte ihn dazu, seine Fähigkeiten und sein Wissen in den Dienst eines größeren Auftrages zu stellen. Von diesem Zeitpunkt an arbeitete er immer wieder für einige Wochen in Ärzteteams und half dabei, afrikanische Ärzte auszubilden, damit sie Hilfsbedürftige mit Medikamenten versorgen und sie behandeln können. Er hatte erkannt, dass seine Vision nicht nur für ihn existierte, sondern dass sie einem größeren Auftrag dienen sollte.

Wenn hinter Ihrer Vision nicht nur Sie selbst stehen, sondern sie auch etwas Größerem dient, werden Sie entdecken, welche *Kraft* dahinter stecken kann. Das bedeutet, dass Sie ein Leben führen werden, das über Ihre eigenen Grenzen hinausgeht.

Ich bin erstaunt, wie viel Begeisterung und Hingabe ein Gemeindedienst entwickeln kann, wenn Menschen eine Offenbarung empfangen, wie sie dabei helfen können, Gottes Auftrag durch ihr Leben und durch die Gemeinde zu verwirklichen.

Die Kranken empfangen ihre Heilung nicht nur um ihrer selbst willen, sondern auch um ein Zeugnis für das Königreich Gottes zu sein. Erfolgreiche Geschäftsleute werden nicht nur deshalb finanziell gesegnet, damit sie für sich selbst Reichtümer anhäufen können. Ihre Mittel helfen ihnen, anderen Menschen weitaus besser helfen zu können, als wenn sie nicht so erfolgreich wären. »So wie euer Körper viele Teile und jeder Körperteil seine besondere Funktion hat, so verhält es sich auch mit dem Leib Christi. Wir sind alle Teile seines einen Leibes, und jeder von uns hat eine andere Aufgabe zu erfüllen« (Römer 12,4.5). Wenn wir von unserer Aufgabe erfüllt sind, leben wir für den Auftrag Jesu. Dient Ihre Vision diesem Auftrag?

Für eine Vision würde man niemals sterben, aber für den Auftrag hat Jesus sein Leben gegeben

In den Tagen nach dem Untergang der Sowjetunion richtete sich die Aufmerksamkeit der Welt auf die Stadt Grosny, wo sich eine kleine Gruppe tschetschenischer Rebellen gegen die Macht der russischen Armee erhob. Sie kämpften nicht für eine Vision, sondern sie kämpften bis zum Tod für ihr Anliegen. Genauso haben sich Selbstmordattentäter dazu entschlossen, ihr Leben für eine höhere Sache hinzugeben. Trauigerweise ist dies jedoch eine hässliche Perversion, bei der eine Vision auf katastrophale Weise fehl gelenkt wurde. Das Beispiel der Selbstmordattentäter zeigt uns jedoch einen wichtigen Punkt: Menschen werden niemals für die Vision eines anderen sterben. Aber viele entscheiden sich dafür, für einen höheren Auftrag zu sterben, gleichgültig wie gewalttätig oder falsch dieser auch sein mag.

Es war nicht seine eigene Vision, die Jesus den Kreuzestod brachte, es war der Auftrag des Vaters. Jesus hat seinen Tod am Kreuz vorhergesagt: »Eben deshalb bin ich ja gekommen!« (Johannes 12,27).

> Jesus hat das größte Opfer für diesen Auftrag gegeben – sein Leben.

Jesus hat das größte Opfer für diesen Auftrag gegeben – sein Leben. Dass Sie oder ich einmal für das Evangelium den Märtyrertod sterben werden, ist, anders als für tausende von Christen in der ganzen Welt, die jedes Jahr im Namen Jesu getötet werden, eher unwahrscheinlich. Aber sind Sie bereit, Ihre Vision für den Auftrag Jesu zu opfern?

Vielleicht haben Sie für Ihr Leben einen fantastischen Traum und es gibt viele Menschen, die von ihrer eigenen Vision begeistert sind. Aber wie viele Menschen wären bereit, ihr Leben für diese Träume und Visionen hinzugeben?

Ich bin immer wieder erstaunt, wie bereitwillig die Menschen ihr Leben für die Sache Jesu hingeben, wenn sie einmal eine Offenbarung des Königs und seines Königreiches erlebt haben. Sie setzen all ihre Zeit, ihr Geld und ihre Kraft ein, um ihm zu dienen. Sie ändern bereitwillig ihre persönlichen Lebensträume, um einer größeren Sache zu dienen und erfahren dabei eine weitaus größere Erfüllung. *Ist Ihre Vision es wert, dafür zu sterben?*

Eine Vision lässt Ihnen immer einen Ausweg, aber ein Auftrag lässt Ihnen keine Wahl

Als Gemeindepastor habe ich kein normales Wochenende, wie es andere Menschen haben. Unsere Gemeinde hat zwei große Anbetungszentren, die vierzig Minuten Autofahrt voneinander entfernt sind. Mit verschiedenen Gottesdiensten an diesen Zentren und vierzehn weiteren Gottesdiensten an anderen Orten gibt es für mich an jedem Wochenende sehr viel zu tun. Offensichtlich gehört es nicht zu meinem normalen Sonntag, in einem Strandcafé zu sitzen und mit einem Cappuccino in der Hand die Sonntagszeitung zu lesen oder den Geruch eines frisch gemähten Rasens zu genießen. Meine Sonntagabende drehen sich niemals um Fußball oder Grillen, aber ich vermisse das nicht, weil ich tue, wozu ich geboren wurde.

Ich erinnere mich noch genau, dass ich als Jugendlicher einmal zu einem sonntäglichen Grillnachmittag am Strand eingeladen war, aber in der Gemeinde eine Mitarbeiterbesprechung anstand. Es gefiel mir überhaupt nicht, als einziger dorthin gehen zu müssen, während alle meine Freunde unterwegs zum Strand waren. Aber dieser Tag wurde zu einem Schlüsselerlebnis in meinem Leben. Ich erkannte, dass die Vision, die Gott in mein Herz gelegt hatte, bedeutete, dass die Sonntage niemals mir gehören würden. Der Auftrag des Königs erforderte, dass ich mich von allen anderen Möglichkeiten abwenden musste.

Der Apostel Paulus sprach von der Liebe Gottes, die ihn bewegte (2. Korinther 5,14). Mit anderen Worten: Die Liebe Gottes ließ ihm keine andere Wahl. Wenn Ihr Leben von einem Auftrag erfüllt ist, verschwinden alle anderen Alternativen. Als Jesus seine Jünger von seinem bevorstehenden Tod erzählte, gab es keinen Ausweg:

> Meine Seele ist in diesem Augenblick tief traurig. Soll ich beten: »Vater, bewahre mich vor dem, was vor mir liegt«? Doch eben deshalb bin ich ja gekommen!
>
> Johannes 12,27

Es gab für Jesus keinen anderen Ausweg, als ans Kreuz zu gehen. Deshalb ist er auf die Erde gekommen. Er starb, damit der vollkommene Wille des Vaters in seinem Leben vollbracht werden würde.

Vergleichen Sie dies mit der Situation von Carol, einer begabten jungen Frau, der nach ihrem Schulabschluss eine Vielzahl an Möglichkeiten offen stand. Sie überlegte, ob sie Jura, Maschinenbau, Architektur, BWL oder irgendetwas anderes studieren sollte. Einige Leute sagten ihr, dass ein Jurastudium eine großartige Gelegenheit für sie wäre, Karriere zu machen und auch sie konnte sich vorstellen, eines Tages als Richterin an einem der oberen Gerichte tätig zu sein. Da sie sich unsicher war, welchen Weg sie einschlagen sollte, schrieb sie sich einfach für Jura ein. Aber nach einem Semester schwand ihr Interesse an diesem Fach. Sie war sich ihrer Entscheidung nicht mehr sicher, ob sie tatsächlich Juristin werden wollte. Da sie keine Motivation mehr aufbringen konnte und knapp bei Kasse war, schmiss Sie ihr Studium hin und hat sich seitdem mit unzähligen Gelegenheitsjobs durchgeschlagen, immer mit dem Vorsatz, eines Tages doch noch ihr Studium zu beenden.

Wenn hinter Ihrer Vision kein Auftrag steht, können Menschen leicht auf den Gedanken kommen, dass die Kirschen in Nachbars Garten süßer sind. Eine Vision ohne Auftrag lässt immer noch Möglichkeiten offen. Wenn sich Ihnen Probleme in den Weg stellen, können Sie eine Vision ohne Auftrag einfach beiseiteschieben und eine andere Richtung einschlagen. Sie können sich entscheiden, die Vision weiter zu verfolgen oder Sie können sie aufgeben.

Eine Vision halten Sie in Händen, aber bei einem Auftrag wird Ihr Herz entflammt. Er wird Sie nicht loslassen, selbst in den unglücklichsten Augenblicken Ihres Lebens. *Lässt Ihnen Ihre Vision Möglichkeiten offen?*

> Eine Vision halten Sie in Händen, ein Auftrag entflammt Ihr Herz.

Eine Vision können Sie ignorieren, aber den Auftrag nicht

Als Bobbie und ich heirateten, war ich Jugendpastor in einer kleinen Vorstadtgemeinde und arbeitete gleichzeitig als Handelsvertreter für einen großen Konzern. Als ich in diesem Unternehmen anfing, gab man mir ein dickes Handbuch, das Informationen über die Firma, ihren Gründer und die Vision des Unternehmens enthielt. Es wurde von mir erwartet, dass ich es durchlesen und diese Vision teilen würde. In der Zeit, in der ich dort arbeitete, gab ich mein Bestes (und genoss den Firmenwagen und das gute Gehalt), aber ich muss zugeben, dass ich bereits eine Vision für mein Leben hatte. Meine Träume und Hoffnungen waren auf den Auftrag Jesu ausgerichtet und machten es schwer, mich von der Geschichte und der Vision meines Arbeitgebers anstecken zu lassen.

Wahrscheinlich fahren Sie jeden Tag an allen möglichen kleinen Läden, großen Firmen, Clubs oder verschiedenen anderen Organisationen vorbei, aber es ist äußerst unwahrscheinlich, dass Sie sich Zeit nehmen und über deren Unternehmensphilosophie oder deren Vision nachdenken. Der Grund liegt darin, dass es ziemlich leicht fällt, die Visionen anderer Menschen zu ignorieren. Aber Sie können keinen Auftrag ignorieren.

Als sich Martin Luther King Jr. für die Gleichberechtigung von Afroamerikanern aussprach oder Nelson Mandela sich unbeirrbar für die Abschaffung der Apartheid in Südafrika einsetzte, konnte niemand das Anliegen ignorieren, das sie vorantrieb. Heute, viele Jahre nachdem die Visionen dieser beiden großen Männer erstmals zur Kenntnis genommen wurden, ist der Auftrag, für den diese beiden Männer ihr Leben eingesetzt haben, immer noch in der ganzen Welt bekannt und wird von Generation zu Generation weitervermittelt. *Kann man Ihre Vision leicht ignorieren?*

Eine Vision ruft Begeisterung hervor, ein Auftrag verleiht Kraft

Während der drei Jahre, die Jesus auf dieser Erde gedient hatte, versammelten sich überall begeisterte Menschenmengen, wohin er auch ging. »Könnte das der Messias sein?«, fragten sie. »Wie kann er solche Wunder vollbringen?«, riefen andere aus. Die Menge war begeistert von der Möglichkeit, dass Jesus der verheißene Retter sein könnte. Andere kamen einfach dazu, um das Spektakel zu beobachten. Als es für Jesus aber hart auf hart kam, verließen ihn viele Menschen und forderten stattdessen seine Kreuzigung.

Vergleichen Sie dieses Verhalten mit dem der Apostel und der anderen Jüngern, die verstanden haben, weshalb Jesus auf die Erde gekommen ist. Natürlich gerieten einige ins Wanken, als sie erleben mussten, wie Jesus am Kreuz hing; aber als sie erkannten, dass er wie verheißen vom Tod auferstanden ist, wurden sie von neuer Kraft erfüllt.

Sie lebten für seinen Auftrag und vollbrachten im Namen Jesu großartige Taten und Wunder. Sie gaben Blinden das Augenlicht zurück, heilten Kranke und meisterten große Herausforderungen und schwere Verfolgungen, weil der Heilige Geist ihnen Vollmacht gegeben hatte.

Als Bobbie und ich noch jung verheiratet waren, entschieden wir uns, von Neuseeland nach Australien zu ziehen, um in der Gemeinde meines Vaters, dem Sydney Christian Life Center, mitzuarbeiten. (Viele Jahre später wurde sie dann Teil der heutigen Hillsong-Gemeinde.) Wir waren von einer Vision erfüllt und gespannt, was die Zukunft bringen würde. Doch dann kamen wir in der Wirklichkeit an. Wir lebten in einer winzigen Wohnung und mussten hart arbeiten, um uns über Wasser zu halten. Bobbie arbeitete als Sekretärin. Neben meinem Gemeindedienst ging ich einer Anzahl verschiedener Jobs nach, zum Beispiel als Fensterputzer. Wenn man es nüchtern betrachtete, sah es so aus, als lebten wir weit entfernt von der Vision, mit der wir nach Australien aufgebrochen waren. Wäre es nur unsere Vision gewesen, die uns dorthin gebracht hatte, wäre unsere Begeisterung sehr schnell verflogen und wir hätten vielleicht in der Versuchung gestanden, in das nächste Flugzeug Richtung Heimat zu steigen. Aber etwas Größeres als wir selbst trieb uns voran. Wir waren dem großen Auftrag leidenschaftlich hingegeben und wir waren voller Erwartungen, Hunger und bereit, jeden Preis zu zahlen, um zu erleben, wie Gott unser Leben und das Leben anderer Menschen gebrauchte. Der Apostel Paulus schrieb: »Denn ich schäme mich nicht für die gute Botschaft von Christus. Diese Botschaft ist die *Kraft* Gottes, die jeden rettet, der glaubt« (Römer 1,16, Hervorhebung durch den Autor).

Eine Vision mag Begeisterung und Enthusiasmus hervorrufen, aber der Auftrag Jesu *erfüllt uns mit Kraft.* Wenn Sie Gott gestatten, Ihr Leben in seine Hand zu nehmen, wird er Ihre Beziehungen, Ihre Zukunftspläne und Ihre Verbindung zur Welt mit *neuer Kraft erfüllen. Schenkt Ihre Vision Ihnen neue Kraft?*

Helen Keller hat einmal gesagt: »Es gibt nur eine Sache, die schlimmer ist, als blind zu sein: Sehen zu können, aber keine Vision zu haben.« Obwohl ich ihr voll und ganz zustimmen kann, glaube ich, dass es sogar etwas noch schlimmeres gibt, als Sehen zu können, aber von keiner Vision erfüllt zu sein: eine Vision zu haben, die nur auf sich selbst konzentriert ist und lediglich dem eigenen Selbstzweck dient.

Einer Vision alleine sind viele Grenzen gesetzt, aber wenn sie mit dem Auftrag Jesu verbunden ist, wird sie von übernatürlicher Kraft erfüllt und dient einem großen Ziel. Wenn Sie Ihre Vision und Ihre Zukunft in die Hand Gottes legen und beides nach seinem Willen ausrichten, wird Ihr Leben zu einem Wunder, das nur darauf wartet, vollbracht zu werden. Der Auftrag Jesu wird Ihre persönliche Vision, Ihre Leidenschaften, Ihre Träume und Ziele in so schwindelerregende Höhen führen, die Sie niemals für möglich gehalten haben.

Eine Vision ist wichtig, aber es ist der Auftrag, der uns Kraft verleiht. Für die Sache des Königs zu leben ist der Motor, der die Gemeinde als geballte Kraft auf dieser Erde vorwärtsgehen lässt.

Wenn Ihre Vision mit meiner und der von anderen Christen verbunden ist und von dem großen Auftrag getragen wird, wird uns das große Kraft und Vollmacht verleihen. Zusammen haben wir eine unglaubliche Möglichkeit, gute und dauerhafte Veränderungen zu bewirken.

Kapitel 4

Eins durch den Auftrag Jesu

Der Tag, an dem zwei Menschen den Bund der Ehe schließen, ist der Beginn einer kraftvollen Partnerschaft für den Auftrag Jesu. Leider mussten Bobbie und ich immer wieder mit ansehen, wie die zunächst glücklichen Ehen einiger unserer Freunde zerbrachen und in einem erbitterten Rosenkrieg endeten. Es ist hart, so etwas zu erleben und letztendlich ist in solch einer Situation jeder der Verlierer.

Etwa achtzig Prozent der Scheidungen beruhen auf unüberbrückbaren Differenzen. Diese Differenzen können Untreue, mangelnde Kommunikation in der Ehe oder eine Fülle von anderen Gründen sein, aber oftmals haben sie ihre Ursache darin, dass die Vision der Partner, die sie am Anfang für ihre Ehe, ihre Familie und ihre gemeinsame Zukunft hatten, verschwunden ist. Das Ergebnis? Aus einer gemeinsamen Vision wird Trennung, und wo früher Einheit geherrscht hatte, regiert nun der Streit.

In Matthäus 12,25 antwortete Jesus auf die Anschuldigung der Pharisäer, er würde die Dämonen durch Beelzebub austreiben (der Fürst der Dämonen): »Ein Königreich, das gegen sich selbst kämpft, ist dem Untergang geweiht. Eine Stadt oder eine Hausgemeinschaft, in der man sich streitet, ist verloren.«

Jesus spricht an dieser Stelle von einem Königreich, einer Stadt oder einer Hausgemeinschaft. Das betrifft auch unser Leben heute, denn genauso wie Uneinigkeit eine ganze Nation zerrütten kann (wie zum Beispiel in einem Bürgerkrieg), kann und wird sie letztendlich auch eine Gemeinde, eine Ehe oder ein Menschenleben zerstören.

Ein Haus, in dem nur Streit herrscht, ist kein sehr angenehmer Ort. Wenn wir an Uneinigkeit denken, fallen uns Streit, Wut, Kampf und Trennung ein.

Uneinigkeit in einer Gemeinde ist ein bisschen wie Uneinigkeit in einer Ehe. Wenn die Gemeinde so funktioniert, wie sie sich Gott vorgestellt hat, kann sie wie der Himmel auf Erden sein. Wenn nicht, ist sie die Hölle.

Wenn ein Haus uneins ist, bedeutet das nicht unbedingt, dass die Menschen einander um den Tisch jagen und sich schlagen oder dass ein Ehemann und eine Ehefrau sich gegenseitig mit Tellern und Vasen bewerfen. Es bedeutet, dass eine Hausgemeinschaft in verschiedene Richtungen geht. Wenn wir wirklich eins sein wollen, müssen wir in eine gemeinsame Richtung gehen.

Die Pharisäer waren sich oftmals uneins. Johannes 7,43 und Johannes 9 berichten von dieser Uneinigkeit. Gesetzlichkeit und Unfreiheit führten dazu, dass sie sich in verschiedene Richtungen bewegten. Aber in einer Hausgemeinschaft (sei es nun eine Gemeinde oder eine Familie), wo Menschen befähigt und befreit werden und wo eine Vision und ein Sinn für Leiterschaft herrscht, werden sie wachsen.

Eine gemeinsame Vision, die auf einem Auftrag gegründet ist, wird dazu beitragen sich gegen Uneinigkeit zu wappnen – sei es nun in einer Gemeinde, einer Ehe, einer Familie oder in einem Job.

Eine gespaltene Hausgemeinschaft handelt auch aus gespaltenen Motiven heraus

Wenn die Motive rein sind, kann das Haus Gottes großartig werden. Es gibt einen deutlichen Unterschied zwischen Menschen, die ihre Vision einsetzen, um das Haus Gottes zu bauen, und Menschen, die das Haus Gottes dazu benutzen, um ihre Vision auszubauen. Wenn Menschen vom Haus Gottes auf negative Art und Weise Gebrauch machen, wird es unvermeidlich zu Uneinigkeit kommen.

> Wenn Menschen vom Haus Gottes auf negative Art und Weise Gebrauch machen, ist Uneinigkeit unvermeidbar.

In meinem Dienst als Gemeindeleiter möchte ich zwar niemals andere kontrollieren, aber ich muss die Herzen der Menschen verstehen und ihre Motive erkennen. Wenn ich darin versagen würde, könnte das die Gemeinde einem Risiko aussetzen und unsere Möglichkeiten beschränken, dem Auftrag und dem Königreich Gottes auf effektive Weise zu dienen.

Nehmen wir zum Beispiel einen Geschäftsmann, der seine Gaben und Beziehungen einsetzt, um für das Haus Gottes ein Segen zu sein. Das Motiv unterscheidet sich grundlegend von denen, die in die Gemeinde kommen und überlegen, wie die anderen Gemeindeglieder dabei helfen können, ihr eigenes Unternehmen voranzubringen.

Als das Konzept von Hillsong immer mehr Erfolg und Anerkennung fand, versuchten Leute unseren Namen zu nutzen, um ihn mit ihrem Geschäft oder ihrem Dienst in Verbindung zu bringen. Sie wären erstaunt, wie kreativ solche Menschen sein können. Wir sind sehr gut darin geworden, falsche Motive zu entdecken. Etwas Ähnliches passierte mir auch in meiner Jugend. Ich wurde in der Schule und in der Gemeinde anders behandelt, als man herausfand, dass mein Vater ein bekannter Gemeindeleiter in unserem Teil der Welt war.

Wenn es wirklich Ihre Motive sind, dem Auftrag des Herrn zu dienen, wird Gott Ihr Haus und Ihr Leben segnen. Aber wenn die Motive unterschiedliche Ziele verfolgen, wird Uneinigkeit herrschen.

Ein gespaltenes Haus verfolgt unterschiedliche Visionen

Ich erkläre meiner Gemeinde oft, dass wir zwar eine Vision haben, sie aber auf viele verschiedene Weisen verwirklicht wird. Stellen Sie sich nur vor, wie verwirrend – um nicht zu sagen spaltend – es wäre, wenn jeder unserer Dienste aus einer anderen Vision hervorginge.

Wir würden im tiefsten Chaos versinken. Es gäbe keinen Zusammenhalt, Splittergruppen würden sich bilden und ihren eigenen Weg gehen. Uneinigkeit in einer Gemeinde wird ihren Einfluss schmälern, und die Uneinigkeit wird sich auch negativ auf die Menschen in dieser Gemeinde auswirken, da sie hin und her gerissen werden und nicht wissen, welcher Vision sie folgen und welchem Auftrag sie dienen sollen.

Dasselbe gilt für eine Familie oder eine Geschäftsbeziehung, in der ein Ehepartner oder ein Geschäftspartner eine Vision verfolgt, während der andere in eine völlig andere Richtung geht. Die Kinder dieser Familie oder Angestellten dieses Geschäfts stehen vor einer sehr schwierigen Entscheidung und es ist nur eine Frage der Zeit, bis unüberbrückbare Differenzen auftauchen.

Wenn Ihr Haus, Ihre Familie, Ihre Ehe, Ihre Beziehungen, Ihr Geschäft und Ihre Gemeinde eine gemeinsame Vision hat und die Blickrichtung im übergeordneten Auftrag verankert ist, werden Sie tiefen Frieden und Sicherheit erfahren, weil jeder weiß, in welche Richtung er oder sie unterwegs ist und wonach sie sich ausrichten.

Ein gespaltenes Haus hat auch gespaltene Loyalitäten

Jesus hatte einen untreuen Freund namens Judas. Dessen gespaltene Loyalität trieb ihn dazu, Jesus für dreißig Silbermünzen zu verraten. Er ist die Art von Freund, über die Sprüche 18,24 schreibt: »Manche so genannten Freunde richten sich gegenseitig zugrunde, doch ein wahrer Freund ist treuer als ein Bruder«.

Menschen, die es allen Recht machen wollen, können in Wirklichkeit niemandem ein guter Freund sein. Judas versuchte, Jesus und den Pharisäern ein Freund zu sein, aber er hat in beidem versagt und sich letztendlich selbst erhängt.

Er erinnert mich an Menschen, die jeden Sonntag in den Gottesdienst kommen, ihre Hände in Anbetung heben, unter der Woche jedoch ein Leben führen, das die Hölle ist. Leider ist es nur eine Frage der Zeit, bis diese gespaltene Loyalität zu Zerbrüchen führen wird.

Gott schätzt Loyalität und auch für jeden von uns ist Treue ein wichtiges Charaktermerkmal. Wenn Sie wissen, wo Ihre Loyalitäten liegen, wird Sie das stark machen. Treue zwingt Sie sogar dazu, für eine Seite Partei zu ergreifen.

Bestimmt haben Sie schon von der »wir und die anderen«-Mentalität gehört. Eine solche Haltung lasse ich in unserer Gemeinde erst gar nicht Fuß fassen. Ich frage unsere Leiter immer: »Auf welcher Seite von ›wir und die anderen‹ seht ihr euch selbst?« In der Frage der Loyalität geht es darum, sich als einen »der anderen« zu sehen. Sie können eine Gemeinde, eine Ehe oder eine Freundschaft auf diese Art von Loyalität bauen.

Manchmal müssen Sie klar sagen, wo genau Ihre Loyalität liegt, besonders wenn es um das Haus Gottes geht. Sie können unmöglich gleichzeitig ein Freund des Hauses Gottes und ein Freund der Welt sein.

Für den Auftrag des Vaters zu leben, bedeutet im Leben schwere Entscheidungen zu treffen. Das gilt auch für die Entscheidung, mit wem sie befreundet sein wollen. Sie müssen selbst der beste Freund des Hauses Gottes sein, es gegen Uneinigkeit schützen und in Ihrem Herzen den festen Entschluss fassen, dass Sie nichts davon abhalten wird, sein Königreich zu bauen.

Ein gespaltenes Haus hat wenig Einflussmöglichkeiten

Es gibt in der Welt sehr viele großartige Ziele, die man verfolgen kann. Wenn Sie versuchen, alle zu erreichen, werden Sie aber nicht sehr weit kommen. Eine christliche Gemeinschaft, die untereinander eins ist, kann viel mehr bewirken als Einzelpersonen, insbesondere im Blick auf ihre Ressourcen und ihren Dienst.

Stellen Sie sich vor, Sie würden in einem kriegsverwüsteten Gebiet mit einem Sack Reis landen und Ihr Ziel wäre es, all die Hungernden und Notleidenden zu versorgen. Ihr Reis würde nicht sehr lange ausreichen. Wenn Sie jedoch Ihre Mühen und Ihre Ressourcen mit denen anderer Menschen verbinden würden, könnten Sie weitaus effektiver arbeiten. Mit anderen Worten: Wenn Sie sich mit Ihren Gaben und Ihrer Vision mit anderen Menschen zusammenschließen und gemeinsam arbeiten, können Sie sehr viel mehr bewirken.

Dieses Prinzip können wir auch bei Maleachi nachlesen. Der Herr sagt: »Bringt aber die Zehnten in voller Höhe in mein Vorratshaus, auf dass in meinem Hause Speise sei« (Maleachi 3,10; L). Wenn ein volles Lagerhaus Hand in Hand mit einer klaren Vision und Strategie geht, können wir größeren Einfluss nehmen.

> Wenn Menschen in Einheit handeln und reden, wird eine sehr große Kraft freigesetzt.

Auf der anderen Seite schwächt Uneinigkeit das große Ganze und unsere Fähigkeit, die Nöte anderer Menschen zu lindern, Antworten zu geben und der Welt das Evangelium Christi zu bringen.

Die Bibel spricht davon, dass zwei besser dran sind als einer alleine, weil sie eher Erfolg haben werden (vgl. Prediger 4,9 in der Hoffnung für Alle). Dasselbe gilt für unsere Vision und unseren Auftrag, dem wir hingegeben sind. Wenn Menschen in Einheit handeln und reden, wird eine sehr große Kraft freigesetzt.

Gemeinsam sind wir stark

Vor vielen, vielen Jahren erlebte ich die vermutlich peinlichste Situation meines Lebens. Ich sollte in einer australischen Kleinstadt predigen und übernachtete bei einer Familie aus der Gemeinde. Man hatte ein Gästehandtuch auf mein Bett gelegt und Sie wissen ja, wie es sein kann, bei Fremden zu übernachten – man fühlt sich ein bisschen komisch. Deshalb dachte ich mir, ich sollte sehr früh am Morgen ins Bad gehen, damit ich nicht den normalen Tagesablauf dieser Familie stören würde. Mit meinem Anzug für den Gottesdienst in der Hand lief ich zum Badezimmer. Erst als ich völlig nass wieder aus der Dusche kam, bemerkte ich zu meinem Entsetzen, dass das Gästehandtuch immer noch auf meinem Bett lag! Ich hatte keine andere Wahl. Ich steckte meinen Kopf aus der Badezimmertür und sah, dass der Korridor leer und das Haus ruhig war. Ich begann zu laufen. Nachdem ich einige Schritte gerannt war, hörte ich voller Schrecken, dass sich der Türknauf neben meiner Zimmertür bewegte. Im Bruchteil einer Sekunde musste ich eine Entscheidung treffen: Sollte ich zu meinem Zimmer weiterlaufen oder zurück in die Sicherheit des Badezimmers hechten? Meine Wahl sollte fatal werden. Als ich mich umdrehte und versuchte, wieder das Badezimmer zu erreichen, verlor ich auf dem nun feuchten Fußboden den Halt und fiel mit lautem Gepolter zu Boden. Zum Glück schloss sich die halb geöffnete Tür daraufhin wieder. Bis auf den heutigen Tag weiß ich nicht, wer die Tür geöffnet oder wie viel diese Person gesehen hatte. Ich kann nur sagen, das Frühstück verlief furchtbar schweigsam.

Wenn Sie versuchen, in zwei unterschiedliche Richtungen zu laufen – ob es sich nun um ein Tauziehen zwischen den Zielen Gottes für Ihr Leben und den weltlichen Verlockungen handelt oder um ein bewährtes Geschäftskonzept und neue Geschäftsideen oder um zwei

Freunde, deren Interessen nun auseinandergehen – es wird unvermeidlich zu irgendeiner Form von Trennung oder Bruch kommen. Alles wird auseinanderbrechen.

Wenn wir wirklich eins sind und eine Vision teilen, müssen wir auch in dieselbe Richtung gehen. Ein Königreich, das mit sich selbst uneins ist, wird keinen Bestand haben (Markus 3,24). Wo Uneinigkeit, falsche Motive, Untreue und Streit herrschen, kann der Auftrag Gottes nicht bestehen.

Wenn es um Ihre Vision, Ihre Zeit, Ihre Gaben und Ihre Unterstützung geht, möchte ich Sie ermutigen, eins mit einer Gemeinde und mit Menschen zu sein, die die gemeinsame Vision teilen, dem Herrn und seiner Kirche zu dienen.

Kapitel 5

Eine Vision für die Ewigkeit

Um die Jahrtausendwende schauten etwa drei Milliarden Menschen die Neujahrsfeierlichkeiten der Stadt Sydney im Fernsehen an. Der Countdown von 1999 zum Jahr 2000 mündete in das größte Feuerwerk, das die Stadt jemals erlebt hatte und das die Skyline, die Oper und die Brücke über dem Hafen hell erleuchtete. Als Höhepunkt dieses spektakulären Finales schmückte ein einziges Wort mit fünf Meter hohen Neonbuchstaben die Brücke: »Ewigkeit«.

Welch eine bedeutungsvolle und kraftvolle Botschaft für jeden Menschen auf der ganzen Erde – die Betrachtung der Ewigkeit.

Hinter diesem Wort *Ewigkeit* steckt die Geschichte eines Mannes, der 1967 im Alter von 83 Jahren starb. Arthur Stace war weder ein bedeutender Politiker noch ein Weltklassesportler. Er besaß so gut wie keine Bildung und seine kriminellen Aktivitäten führten dazu, dass er eine Reihe von Gefängnisstrafen absitzen musste, seit er fünfzehn war. Während der Weltwirtschaftskrise lebte er von Almosen und rutschte immer tiefer bis in die Alkoholabhängigkeit. Und dennoch wird die Geschichte seines Lebens heute auf der ganzen Welt erzählt, weil ein einziges Wort sein Leben verändert hatte: *Ewigkeit.*

1930 besuchte Arthur Stace einen Gottesdienst und seine Begegnung mit Gott veränderte sein Leben für immer. Das Wort *Ewigkeit* hatte sich in seinem Kopf eingebrannt und er fühlte sich getrieben, ein Stück Kreide zu nehmen und es auf den Bürgersteig zu schreiben. Für einen Menschen, der kaum schreiben konnte, war ihm dieser Schriftzug seiner Meinung nach äußerst gut gelungen.

In den nächsten siebenunddreißig Jahren stand Arthur Stace jeden Morgen früh auf, betete eine Stunde lang und schrieb dann sein Wort mit Kreide auf die Bürgersteige von Sydney. Über die Jahre wurde diese Ein-Wort-Predigt zum Gegenstand öffentlicher

Spekulation und Neugier, da viele Menschen über seine Bedeutung nachdachten.

Obwohl Arthur Stace schon viele Jahrzehnte tot ist, lebt die evangelistische Botschaft des Wortes *Ewigkeit* immer noch fort und hat auch die Aufmerksamkeit der neuen Generation erreicht.

Ewigkeit. Dafür wurden wir gerettet. Und wie es Arthur Stace vorgemacht hatte, sind wir dazu berufen, diese Botschaft auch anderen Menschen zu bringen. Auch wenn Sie vielleicht keine Kreide benutzen, um Ihre Botschaft zu verkündigen, kann alles in Ihrem Leben – wofür Sie leben, wie Sie leben, Ihr Bekenntnis – Menschen dazu bringen, über die Ewigkeit nachzudenken.

Mich hat die Geschichte eines alten australischen Predigers und Glaubenspioniers angesprochen. Keiner, der sich aufs Altenteil zurückziehen würde, denn er predigte noch vollmächtig das Wort, als er längst über achtzig war. Während eines Gottesdienstes hatte er gerade seine Predigt beendet und die Gemeinde sang:

> Alles in Ihrem Leben – wofür Sie leben, wie Sie leben, Ihr Bekenntnis – kann Menschen dazu bringen, über die Ewigkeit nachzudenken.

»Within the veil I now would come/into your Holy Place to look upon Thy face«.[1] Und er ging zum Himmel ein! Er ging mitten in der Anbetungszeit in die Ewigkeit.

Dieser Prediger hatte nicht nur für sich selbst eine Vision für die Ewigkeit, sondern bis zu seinem letzten Atemzug leitete und führte er Menschen aus einer gottlosen Ewigkeit heraus. Was für ein Leben!

Den Generationen neue Kraft schenken

Der Herr ist nicht nur der größte aller Visionäre – er schuf die Welt ohne Skizzen und Blaupausen: die Sonne, den Mond, die Erde, den Himmel, die Ozeane – sondern er umfasst damit auch alle Generationen. Als Gott Abraham aufforderte, seine Heimatstadt Ur zu

---

[1] »Nun trete ich hinter den Vorhang/an Deinen heiligen Ort, um Dein Angesicht zu sehen«.

verlassen, dachte er bereits an die zukünftigen Generationen. Die Abstammung Jesu führt direkt auf Abraham zurück. Als der Vater Jesus auf die Erde sandte, um am Kreuz zu sterben, tat er das für die noch kommenden Generationen. Der Grund, warum wir heute auf diesem Planeten leben, ist, ein Erbe für die zukünftige Generation zu schaffen, auf das sie bauen kann.

Uns allen ist diese Welt nur geliehen, und während wir auf dieser Erde leben, sind wir nur Verwalter der Vision, die Gott uns gegeben hat. Eines Tages wird eine neue Generation dort ansetzen, wo wir aufgehört haben. Und ich bete, dass sie mit noch größerer Leidenschaft die Sache Gottes fortsetzen wird.

Bobbie und ich investieren viel Zeit und Mühe, um die jüngere Generation an der Umsetzung unserer Gemeindevision zu beteiligen und sie darin zu stärken. Die jungen Menschen von heute haben zunehmende Fähigkeiten und Stärken, und ich bete, dass meine Vision sogar zu klein für sie sein wird.

Wir alle müssen uns dafür einsetzen, zukünftige Generationen zu befähigen, sogar noch größere Schritte als wir in Gottes Namen zu wagen und wir müssen glauben, dass der Herr ihnen eine Vision für Dinge geben wird, von denen wir nicht einmal zu träumen wagten.

Meine Hoffnung und mein Gebet ist, dass die kommenden Generationen auf das einundzwanzigste Jahrhundert zurückblicken und sprachlos angesichts der Macht Gottes, dem Fortschreiten der Gemeinde und dem Wachsen seines Königreiches sind. Ich glaube, dass die Verantwortung für das Erbe und für das Bild, das wir denen hinterlassen, die nach uns kommen werden, in unseren Händen liegt.

> Ihr Leben kann die Zukunft verändern. Wie sollen zukünftige Generationen Sie in Erinnerung behalten?

Mit anderen Worten: Ihre Vision gehört nicht nur Ihnen allein, sie ist auch für die zukünftige Generation bestimmt. Sie hat eine Auswirkung auf die Ewigkeit. Wir alle leben in der Spannung zwischen Leben und Tod, und auch wenn ich nicht weiß, wann Gott Sie zu sich nach Hause holen wird, weiß ich doch eines: Er möchte, dass wir mit einem Blick für die Ewigkeit leben, die alle Generationen mit einschließt.

Ihr Leben kann die Zukunft verändern. Wie sollen zukünftige Generationen Sie in Erinnerung behalten? Gebäude und die Natur werden vielleicht uns und unsere Visionen überdauern, aber der Auftrag des Königs und seines Reiches wird in alle Ewigkeit andauern.

Teil Drei

Der Auftrag und die Berufung

Kapitel 6

Gerettet und berufen

In meiner Jugend herrschte immer große Aufregung wenn die Endzeitprediger zu uns in die Stadt kamen. Deren Ankunft schien immer eine sichere Garantie zu sein, eine volle Gemeinde zu haben. Ich muss sagen, dass es in den 70er-Jahren ziemlich unwahrscheinlich schien, dass wir im 21. Jahrhundert immer noch auf dieser Erde leben würden. Es gab viele Spekulationen über die Vereinten Nationen, die EU und die Frage, wer sich wahrscheinlich als der Antichrist entpuppen würde.

Auch heute noch stehen Romane über das Jüngste Gericht und das Ende der Welt ganz oben auf den Bestsellerlisten und Fragen über die Ewigkeit fordern zu recht unsere Aufmerksamkeit. Im Rückblick muss ich jedoch feststellten, dass man sich in der Zeit meiner Jugend eher auf das konzentriert hat, was vor uns liegt, und nicht auf das Hier und Jetzt.

Ich glaube, dass zwei Dinge sicher sind: erstens, Jesus kommt wieder, und zweitens, die Gründe für unsere Errettung reichen weit über unsere eigene Sicherheit in der Ewigkeit hinaus.

Es gibt nichts Schöneres als zu erleben, wie Menschen ihr Leben Jesus Christus anvertrauen. In der Hillsong-Gemeinde antworten jedes Wochenende sehr viele Menschen auf die lebensverändernde Botschaft von Jesus. Jesus ist am Kreuz gestorben und wiederaufer-standen, um der Menschheit die Möglichkeit zu geben, gerettet zu werden. Es ist wie wenn sich jemand bei gefährlicher Strömung in tobendem Meer befindet. Ohne die Hilfe eines Retters würde diese Person mit großer Wahrscheinlichkeit sterben. Mit der Hilfe einer Rettungsmannschaft, die ihr Leben dafür einsetzt, andere zu retten, wird der in Not geratene Schwimmer aus der lebensbedrohlichen Situation herausgezogen und in Sicherheit gebracht. Genau dies tut Jesus bei unserer Rettung für uns. Er zieht uns aus Sünde und

Tod heraus und stellt uns in die Sicherheit eines neuen Lebens mit ihm.

Gerettet! Welch eine wunderbare Tat, aber Rettung funktioniert nicht nur in eine Richtung. Sie beinhaltet sehr viel mehr, als nur die Hand zu heben und ein Übergabegebet zu sprechen. Und außerdem betrifft sie nicht nur das Leben nach dem Tod. Millionen von Christen durften bereits die Freude der Erlösung erleben, aber ich möchte Ihnen dennoch eine wichtige Frage stellen. Führen Sie nur das Leben eines *Geretteten* oder haben Sie auch die Herausforderung angenommen, das Leben eines *Berufenen* zu führen? Es ist wichtig, die Offenbarung zu verstehen, dass wir nicht nur gerettet, sondern auch zu etwas *berufen* sind.

Eingebunden zwischen Ihrer Rettung (oder Ihrer Verbindung zum Vater) und Gottes Gnade (seine Gunst, sein Segen und seine Gaben) ist Ihre Berufung und Ihr Ziel.

Wenn der Herr Sie rettet, hat er weitaus mehr als nur Ihre Ewigkeit im Sinn. Er hat Sie dazu berufen, hier auf dieser Erde einen Unterschied zu bewirken. In 2. Timotheus 1,9 erfahren wir, dass Gott »uns erlöst und berufen [hat]; nicht aufgrund unserer Taten, sondern weil er schon lange, bevor es die Welt gab, entschieden hatte, uns durch Christus Jesus seine Gnade zu zeigen.«

Und in 2. Thessalonicher 2,13-14 lesen wir, dass wir durch den König der Könige auserwählt worden sind, durch das Kreuz gerettet und berufen wurden, an der Herrlichkeit Jesu Anteil zu haben. Und Prediger 3,11 erklärt uns, dass diese Berufung in Verbindung steht mit etwas, das in der Ewigkeit Bedeutung haben wird. Oder mit anderen Worten: mit dem Auftrag Jesu:

Prediger 3,11
Gott hat allem auf dieser Welt schon im Voraus seine Zeit bestimmt, er hat sogar die Ewigkeit in die Herzen der Menschen gelegt. Aber sie sind nicht in der Lage, das Ausmaß des Wirkens Gottes zu erkennen; sie durchschauen weder, wo es beginnt, noch, wo es endet.

Wenn Gott Ihnen ein Bewusstsein für seinen Auftrag ins Herz gelegt hat, fügt das seiner Rettung eine weitere Dimension hinzu. Die Rettung ist nicht nur unsere Rente für die Ewigkeit; sie bedeutet jeden Tag aktiv Gottes Ziel für unser Leben hier auf der Erde voranzubringen. Und dabei geht es nicht nur darum, uns zu verändern, sondern auch andere Menschen zu erreichen.

> Die Rettung ist nicht nur unsere Rente für die Ewigkeit.

Eine heilige Berufung

Das Gewicht und die hohe Verantwortung, die der Apostel Paulus durch seine Worte einem »heiligen Ruf« (2. Timotheus 1,9; L) auf viele Gläubige gelegt hat, hat viele Christen dazu getrieben, sich selbst Fesseln anzulegen, weil sie herausfinden wollten, was eine heilige Berufung eigentlich ist. Einige haben sich in Berghöhlen zurückgezogen, um sich ungestört dem Gebet hinzugeben, während andere scharfe theologische Diskussionen entfacht haben, um eine Antwort auf diese Frage zu finden.

Ich persönlich kann mir nicht vorstellen, dass der Gott, den ich kenne und liebe und der seinen Sohn Jesus Christus am Kreuz geopfert hat, ein Gott sein soll, der unsere Berufung unerreichbar macht. Die Wahrheit ist, dass wir unsere Berufung nicht irgendwo im Himmel, sondern im Hier und Jetzt finden werden.

Manchmal legen wir zuviel Wert darauf, herauszufinden, wie diese Berufung eigentlich aussieht. »Bin ich berufen, Pastor zu sein oder ein Geschäft zu gründen oder eine Karriere zu beginnen, die es mir ermöglicht, das Königreich finanziell zu unterstützen? Bin ich dazu berufen, unter Frauen zu dienen oder andere Mütter zu erreichen, oder besteht meine Berufung darin, in den Entwicklungsländern zu arbeiten?« Ich glaube, dass Gott einige Dinge in Ihr Herz gelegt hat, und wenn Sie im Glauben losgehen und immer auf Gott schauen, wird er Ihre Berufung offenbaren, sie immer deutlicher zeigen und Sie genau dazu frei machen.

> Wir finden unsere Berufung nicht irgendwo im Himmel, sondern im Hier und Jetzt.

Wie ich noch deutlicher zeigen werde, umfasst Ihre Berufung alle Aspekte Ihres Lebens. Sie leben sie nicht nur am Sonntag im Gottesdienst oder beim Bibelabend unter der Woche aus. Sie soll Ihre Familie, Ihre Beziehungen, andere Mütter in der Kleinkindgruppe, Ihren Kollegen am Arbeitsplatz und die Kellnerin, die heute Morgen Ihren Kaffee gebracht hat, miteinschließen.

Mit anderen Worten: Jeder Tag, jedes Gespräch, jede Situation, jeder Plan – Ihre Karriere, Ihre Finanzen, Ihre Beziehungen, all Ihre Gaben und Talente – sind eine Gelegenheit, Ihre heilige Berufung auszuleben.

Bobbie und ich sind jetzt mehr als dreißig Jahre verheiratet und die vielleicht größte Stärke unserer Ehe ist es, dass wir beide eine gemeinsame Berufung und ein gemeinsames Ziel vor Augen haben. Es war wunderbar mitzuerleben, wie jedes unserer Kinder die lebensverändernde Entscheidung getroffen hatte, Christus nachzufolgen. Aber es machte sogar noch größere Freude zu beobachten, wie jedes von ihnen die Kosten überschlagen und eine Entscheidung getroffen hatte, um ihren individuellen Berufungen nachzugehen. Wir durften erleben, dass eine Ehe und eine Familie, die den Unterschied kennt zwischen einfach nur als *gerettete* Kinder Gottes zu leben oder sich bewusst zu entscheiden, als *berufene* Kinder Gottes zu leben, eine Familie ist, die eins ist. Wir als Familie haben uns entschlossen, mit dem zu arbeiten, was der Herr in unsere Hände gegeben hat, um sein Ziel zu erreichen.

Als Bobbie und ich uns vor so vielen Jahren entschieden haben zu heiraten, stand im Mittelpunkt unserer Pläne der Traum, eines Tages eine großartige Gemeinde aufzubauen. Wir haben uns gesagt, dass wir alle Opfer auf uns nehmen würden, die notwendig wären, um mit unserem Leben etwas Bedeutendes zu tun.

Als wir verlobt waren, verbrachten wir viele Stunden damit, uns aufgeregt darüber zu unterhalten, wie unsere gemeinsame Zukunft aussehen würde. Ein besonderer Tag ist mir immer noch im Gedächtnis. Ich wohnte in einem Haus zur Miete, in dem neun andere junge Männer lebten, die zu jener Zeit alle unseren Jugendgottesdienst besuchten. Wenn ich nur an das Haus denke, sind alle Gerüche und die Atmosphäre dieser Jahre für mich lebendig!

Mrs. Wilson war unsere Nachbarin. Eines Nachts hatten Bobbie und ich in ihrer sehr abschüssigen Garageneinfahrt geparkt. Wir waren so in unserer Diskussion vertieft, welche Träume wir für unsere Zukunft hatten, dass wir nicht bemerkten, dass die Handbremse nicht gezogen und der Gang nicht eingelegt war. Wir merkten auch nicht, als sich das Auto langsam in Bewegung setzte, immer schneller wurde und auf Mrs. Wilsons Haus zurollte. Unser tiefes Gespräch wurde durch das ohrenbetäubende Gepolter eines zersplitterten Garagentors jäh unterbrochen – genauso wie der Schlaf von Mrs. Wilson und der gesamten Nachbarschaft, da es bereits zwei Uhr morgens war.

Diese unscheinbaren und dennoch gottgelenkten Pläne waren und sind ein zentraler Teil unserer Beziehung und in unserem Leben spielte ein starkes Bewusstsein für unsere Berufung immer eine wichtige Rolle. Wir wollten immer jede Gelegenheit nutzen oder jede Tür öffnen, die Gott uns zeigte, damit wir für sein Königreich arbeiten könnten.

Kannten wir all die kleinen Details, wie genau unsere Berufung aussehen würde? Nein, zu diesem Zeitpunkt hatten wir nicht die geringste Ahnung. Wir wussten nicht, dass wir nach Australien auswandern oder eine Gemeinde gründen würden, die irgendwann Menschen aus der ganzen Stadt anziehen würde. Aber wir wussten damals, als wir in dieser Nacht in unserem Auto saßen und über unsere Träume und Visionen für unsere Zukunft redeten, dass Gott immer im Zentrum unserer Entscheidungen und all unserer Handlungen stehen würde. Wir waren fest entschlossen, seinem Wort und seiner Richtung für unser Leben treu zu sein. Der Rest lag in seinen Händen.

Als geretteter Mensch zu leben bedeutet, in Verbindung mit Jesus Christus zu leben. Als berufener Christ zu leben bedeutet, es geht in allem darum, ihm zu dienen und uns von Gott in seiner Gnade befähigen und mit Kraft beschenken zu lassen. Wenn Sie die Entscheidung treffen, dass es bei Ihrer Rettung um Gott geht und das in Verbindung zu Ihrer Berufung setzen, schenkt er seine Gnade dazu. Und plötzlich befinden Sie sich ganz auf dem Weg seines Planes und seiner Berufung.

Ich bete, dass jeder von uns versteht, dass wir zu einem Leben gerettet und berufen sind, das uns selbst um vieles übersteigt. Nur als Menschen zu leben, die zwar gerettet, aber nicht berufen sind, ist eine Verschwendung dessen, was Gott für Sie bereithält.

Kapitel 7

Gebrauchen Sie das, was Sie in Händen halten

Was meine Koordinationsfähigkeiten von Armen und Beinen betrifft, würde ich mich als etwas ungeschickt bezeichnen, was meine Söhne und jeder andere, der schon einmal mit mir Fußball gespielt hat, vermutlich nur bestätigen können! Diese Tatsache hat mich jedoch nicht davon abgehalten, als kleiner Junge davon zu träumen, dass ich eines Tages für das neuseeländische Nationalteam spielen würde.

Aber offensichtlich hatten sich die Naturgesetze gegen mich verbündet und es schien so, dass mich Gott nicht berufen hat, ein Fußballstar zu werden (Denn sonst hätte er mir doch Beine gegeben, mit denen man etwas schneller rennen kann). Aber er hat mich dazu berufen, Pastor zu werden und seine Gemeinde aufzubauen.

Als ich in einer Kleinstadt in Neuseeland noch Jugendleiter war, hatten wir jeden Donnerstagabend einen Bibelabend bei mir zu Hause. Er begann ziemlich schnell zu wachsen und bald besuchten ihn fast mehr Leute als unseren Gottesdienst am Sonntagmorgen. Gemeinde zu bauen wurde mir praktisch in die Hand gelegt, und ich glaube, dass mich Gott dazu gesegnet und befähigt hat. Auf dem Fußballplatz und auf vielen anderen Gebieten hätte ich vermutlich große Probleme gehabt, aber als ich mich auf die Dinge konzentrierte, die mir zu liegen schienen, und dem Herrn vertraute, dass er mich wachsen lassen und mir eine tiefere Erkenntnis schenken würde, begann ich damit, meine Berufung zu leben.

Heute habe ich die Möglichkeit, viele der Dinge zu erleben und zu tun, die ich schon als junger Mann in meinem Herzen getragen habe. Ich hätte auch danach streben können, meine Träume zu verwirklichen, und dabei meine Berufung vollkommen verfehlt. Aber da ich mich zuerst darauf konzentrierte, was der Vater in meine Hände gelegt hatte, sind viele meiner Herzenswünsche Wirklichkeit geworden.

Bei der Errettung geht es um den Auftrag, bei der Berufung geht es um den Auftrag und auch Gottes Gnade hat den Auftrag im Blick. Vergessen Sie nicht: 2. Timotheus 1,9 spricht von unserer Rettung und von dem heiligen Ruf Jesu, für den er uns seine Gnade schenkt. Der Herr hat Ihnen für Ihren Auftrag seine Gnade gegeben. Und diese Gnade ist Gottes Kraft, die uns Großes vollbringen lässt. Durch seine Gnade hat er Ihnen Gaben und Talente geschenkt, die ihm Ehre bringen.

Ich möchte Sie ermutigen, Ihre Berufung für das zu halten, was Gott bereits in Ihre Hände gelegt hat. Ihre Berufung umfasst Ihre Gaben und Talente, die Dinge, in denen Sie gut sind. Ihre Berufung im Leben gründet sich darauf, was Gott Ihnen ins Herz gelegt hat. Ihre Berufung schließt das ein, was Sie lieben und wofür Sie leidenschaftlich werden.

Wenn Ihre Stärken im künstlerischen, handwerklichen oder im naturwissenschaftlichen Bereich liegen oder wenn Sie gut reden oder tanzen können, wurden Ihnen diese Gaben für das Königreich gegeben. Wir müssen dieses Konzept der Berufung verstehen, weil viele Menschen das, womit sie begabt sind, eher als Hindernis für das betrachten, was Gott Ihnen ins Herz gelegt hat. Der Verstand des Menschen neigt dazu, die Berufungen zu unterschätzen, die Gott für uns bereithält. Aber letztlich dient alles dazu, Gott Ehre zu bringen.

In Kolosser 1,17 können wir lesen: »Er war da, noch bevor alles andere begann, und er hält die ganze Schöpfung zusammen.« In ihm wird alles zusammengehalten – wer Sie sind, Ihre Gesundheit, Ihre Gaben, Ihre Zeit, Ihre Kraft, Ihre Ehe und Ihre Familie. Im Leben geht es um Gott und seine Berufung. Und der beste Weg, das zu erreichen, was Gott in Ihr Herz gelegt hat, ist, treu mit dem umzugehen, was in Ihren Händen liegt.

Was halten Sie in Ihren Händen?

Was liegt in Ihren Händen? Gott stellte Mose diese Frage, als dieser mit der Tatsache haderte, dass Gott ihm geboten hatte, das Volk Israel aus Ägypten und ihrer Gefangenschaft zu führen (2. Mose 4). Mose versuchte, den Herrn zu überzeugen, dass er nicht der richtige

Mann für den Job sei. Moses Antwort an Gott steht in 2. Mose 3 und 4. Sie lautete im Wesentlichen: »Wer bin ich, dass man mir zuhören würde? Wie könnte ich jemals so etwas tun?«

Gott antwortete: »Was hast du da in der Hand?« (2. Mose 4,2) Mose hielt einen Hirtenstab, und genau den, sagte Gott, sollte er auch benutzen, um Gottes Wunsch zu erfüllen und das Volk Israel zu befreien.

Oftmals ist es so, dass die Berufung Ihnen geradezu ins Gesicht springt; sie liegt direkt vor Ihnen. Es handelt sich um das, was Ihnen leichtfällt, genau das, was in Ihrer Hand ist. Einige Leute warten auf eine leise, flüsternde Stimme, die ihnen sagt, was ihre Berufung und ihr Ziel im Leben ist. Sie sagen Gott (und jedem in Hörweite): »Ich weiß einfach nicht, wo mein Platz ist. Ich weiß nicht, was ich tun soll. Ich kenne Gottes Willen für mein Leben nicht.« Aber das biblische Wort »berufen sein« bedeutet »laut ausrufen«. Das ist alles andere als zart und leise!

Stellen Sie sich selbst einmal die Frage: »Welche Gaben besitze ich? Wo liegen meine Talente? Was fällt mir leicht?« Das ist Ihre Berufung.

Andere Menschen sagen: »Ich spüre es genau: Gott möchte, dass ich aufgebe, was ich gerade mache.« Das Ergebnis kann sein, dass christliche Sportler zu Pastoren, Pastoren zu Geschäftsleuten und Lobpreisleiter zu Rockstars werden und einige Pastoren ihre Predigten fast vorsingen, weil sie Lobpreisleiter sein wollen! Die Wahrheit ist, dass wir nicht wirklich das Recht haben, das hinzuwerfen, was der Vater uns als Gabe mitgegeben hat.

> Wir haben nicht das Recht, das hinzuwerfen, was der Vater uns als Gabe mitgegeben hat.

Vielleicht haben Sie in Ihrem Leben Fähigkeiten erworben, die nicht gerade so aussehen, als hätten sie sehr viel mit Jesus und seinem Auftrag zu tun. Vielleicht haben Sie über die Jahre gelernt, sich mit einem Kniff aus unangenehmen Situationen herauszuwinden, indem Sie die Wahrheit etwas strapazieren. Wenn Ihr Talent so offensichtlich gegen Gottes Gebote verstößt, ist es wahrscheinlich wirklich das Beste, es aufzugeben. Aber oftmals unterschätzen wir einfach unsere gottgegebenen Gaben und Talente.

In Jakobus 1,17 heißt es: »Alles, was gut und vollkommen ist, wird uns von oben geschenkt, von Gott, der alle Lichter des Himmels erschuf.« Mit anderen Worten: Gott ändert seine Meinung nicht. Er ist nicht schizophren, er hat Sie nicht auf eine Art und Weise geschaffen, nur damit er Sie auf eine vollkommen andere benutzen kann. Gott hat Ihnen Gaben und Talente für einen bestimmten Auftrag geschenkt – für seinen Auftrag.

Ich erzähle sehr gerne die Geschichte eines Freundes, der Pastor einer Gemeinde in England war. In Johns Gemeinde gab es einen Millionär und ich rede hier von Britischen Pfund – sagen wir einmal, er hieß Paul. John erzählte mir, dass Paul eines Tages zu ihm kam und mit Tränen in den Augen sagte: »John, ich würde alles dafür geben, das zu tun, was du tust.« Und John sagte, er hätte ihm geradewegs in die Augen geblickt und ebenfalls unter Tränen gesagt: »Paul, auch ich würde alles geben, damit du das tun kannst, was ich tue.« Was liegt in der menschlichen Natur, dass wir das tun wollen, was andere tun?

Es gibt unzählige Gründe, warum wir versuchen, eher den Träumen in unserem Herzen nachzujagen, anstatt mit dem zu beginnen, was wir in Händen halten. Der erste Grund ist:

Das, was in Ihren Händen liegt, ist oftmals mit Druck, Disziplin und Fleiß verbunden. Die Träume in Ihrem Herzen sind romantischer Natur. Auf den Träumen, die in Ihrem Herzen verborgen sind, lastet nicht der Druck der Gegenwart. Das Herz hält an Idealvorstellungen fest, bei denen Sie Zuflucht finden können. Manchmal sind wir von diesen Gedanken so sehr fasziniert, dass wir uns in die Romantik unseres Herzens flüchten, denn das fühlt sich nicht nach Arbeit an. Es gibt keinen Druck, diese Träume zu erreichen.

Diese Flucht zu den verklärten Vorstellungen ähnelt den Gedanken, denen Sie sich an einem öden Wintertag hingeben, wenn Sie sich Ihre Sommerferien ausmalen. Sie sehen den Sand und das Meer förmlich vor sich und für einen Augenblick haben Sie alles um sich herum vergessen und waren völlig in dieser Vision verloren. Der Druck, der von der Arbeit, den Kindern und der Hypothek ausgeht, ist verschwunden.

1. Mose 8,22 sagt uns, dass es Sommer und Winter geben wird, solange die Erde besteht. Der Sommerurlaub ist also real. Er wird kommen, aber es ist vor allem wichtig, dass Sie in der jetzigen Jahreszeit weiterhin das tun, was jetzt ansteht.

Was wir in Händen halten, ist uns vertraut und bekannt, was wir im Herzen tragen, ist weiter weg und geheimnisvoll. Oftmals nehmen wir die Dinge, mit denen wir es täglich zu tun haben, als gegeben hin. Vertrautheit kann dazu führen, dass wir nicht mehr ganz zu schätzen wissen, was wir in Händen halten. Die Juden haben auf einen Messias gewartet und Jesus, der Sohn Gottes, lebte tatsächlich in ihrer Mitte. Die Bibel berichtet, dass die Juden nach einem Zeichen und die Griechen nach Weisheit gesucht haben. Aber als Jesus da war, hielten ihn die Juden für ein Ärgernis und die Griechen für eine Torheit (1. Korinther 1,23; L). Die Israeliten hatten um das Kommen des Messias ein wahres Mysterium geschaffen. Sie gingen davon aus, der Retter würde kommen wie ein, in heutiger Sprache ausgedrückt, edler Ritter auf einem weißen Pferd, und nicht wie ein einfacher Zimmermann aus Galiläa. Sie suchten nach etwas Geheimnisvollem und verpassten das, was vor ihren Augen lag. Auch uns kann dies mit den Gaben passieren, die in unseren Händen liegen. Unterschätzen Sie niemals die Macht der Dinge, die Ihnen im Leben leichtfallen.

Was Sie in Händen halten, hat mit Ihrer Berufung und mit Gottes Ziel für Ihr Leben zu tun. Es springt Sie förmlich an! Verachten oder unterschätzen Sie nicht die Gaben und Möglichkeiten, die er Ihnen gegeben hat. Er möchte, dass Sie sie nutzen. Gott kennt das Potenzial dessen, was Sie in Händen halten. Er weiß, dass in diesen Dingen große Kraft liegt.

Was Sie in Händen halten, kann leicht maßlos wirken; was Sie im Herzen tragen, scheint nobel zu sein. Wurden Sie jemals in einem Bewerbungsgespräch gefragt, drei Ihrer Stärken und drei Ihrer Schwächen zu nennen? Psychologen haben herausgefunden, dass die Mehrheit der Menschen letztere schneller auflisten können als Dinge, die sie ihrer Meinung nach gut können. Warum ist das so? Ich glaube, dass wir uns oftmals zu selbstsüchtig und egoistisch fühlen, wenn wir uns auf unsere Gaben und Talente konzentrieren sollen. Und das kann tatsächlich der Fall sein, wenn wir nicht mehr auf Jesus und seinen Auftrag schauen und stattdessen nach Ruhm und Reichtum streben.

Auf der anderen Seite sind unsere Herzenswünsche tatsächlich oftmals an eine edle Absicht gebunden. Es geht uns darum, etwas in der Welt zu verändern. Vielleicht träumen Sie davon, den Hunger in der Welt zu beenden oder ein Heilmittel gegen Krebs zu entdecken. Wenn das, was Sie in Händen halten, eingebettet ist zwischen Gottes Rettung und seiner Gnade, wird plötzlich das, was Sie tun und was Sie lieben, in Einklang sein. Bei seinem Auftrag für unser Leben geht es um die Ewigkeit, die Gott Ihnen ins Herz gelegt hat; bei Ihrer Berufung geht es um die Gaben und Talente, die er in Ihre Hand gelegt hat.

Was Sie in Händen halten, sieht nach Ihnen aus. Was Sie im Herzen tragen, sieht aus wie der Mensch, der Sie gerne sein möchten. Was Sie in Händen halten, sieht aus wie Sie, weil Sie es auch tatsächlich sind! So hat Sie der Vater geschaffen. Die Natur des Menschen neigt dazu, unser Äußeres nicht zu mögen, und deshalb entwerfen wir ein Bild, wie wir gerne aussehen würden. Diese Unzufriedenheit über unser Aussehen führt dazu, dass wir in den Spiegel sehen und uns nur auf unsere Unzulänglichkeiten konzentrieren.

Bei mir ist es so weit, dass ich mir keine Gedanken mehr um meine Frisur machen muss und meine Nase könnte ein ganzes Stück kleiner sein. Aber ich habe mir sagen lassen, dass selbst Supermodels nicht immer mögen, was sie im Spiegel sehen. Und vergessen Sie nicht, dass die Bibel uns sagt, wie herrlich und ausgezeichnet wir geschaffen sind (Psalm 139,14).

Wir können versuchen, eine Maske anzulegen, so wie wir uns gerne sehen würden oder wie andere uns sehen sollen. Vielleicht sind Sie momentan in der Kinderarbeit tätig, aber in Ihrem Herzen sehen Sie sich als neue Mutter Teresa und denken deshalb darüber nach, das, was Sie in Händen halten niederzulegen und sich den Missionarinnen der Nächstenliebe in Kalkutta anzuschließen. Ich würde niemals den Traum Ihres Herzens zerstören wollen, aber der Herr hat Sie absolut vollkommen für seine Pläne geschaffen.

Was Sie in Händen halten, muss dem Erwartungsdruck standhalten. Was in Ihrem Herzen ist, unterliegt keinem Druck. Vielleicht haben Ihre Freunde und Bekannte eine bestimmte Erwartung, was Sie mit Ihren Gaben und Talenten anfangen sollten. Vielleicht hoffen Ihre Eltern, dass die Jahre des Klavierunterrichts oder die Trainingsstunden um fünf Uhr morgens im Schwimmbecken sich eines Tages auszahlen werden. Wenn Sie unter einem hohen Erwartungsdruck stehen, können Sie Angst bekommen, andere Menschen zu enttäuschen. Die Erwartungen von anderen Menschen führen manchmal auch zu einer Trotzreaktion, weil Sie aus der Schublade ausbrechen wollen, in die man Sie gesteckt hat. Derselbe Erwartungsdruck kann Sie dazu bringen, vorzeitig und aus den falschen Motiven heraus den Dingen in Ihrem Herzen nachzujagen.

Die einzigen Erwartungen, die wir erfüllen sollen, sind die Erwartungen Gottes. Und er bittet uns nur darum, mit dem zu beginnen, was er vor unsere Füße gelegt hat.

Was Sie in Händen halten, ist naturgegeben. Was in Ihrem Herzen ist, ist geistlich. Wir können die Dinge in unseren Händen herabwürdigen, indem wir sie als naturgegeben betrachten und mit geistlichen Gaben wie Evangelisation, Prophetie und Heilung der Kranken vergleichen. Vielleicht scheint es, als würde es Ihren Gaben an geistlicher Bedeutung und Gewicht mangeln.

Und dennoch besitzt jede Gabe einen Wert und eine geistliche Dimension, wenn Sie den Auftrag Jesu in Ihrem Herzen tragen. Gleichgültig, ob Ihre Stärken in der Klempnerei, im Zimmermannshandwerk oder in der Buchhaltung liegen – wenn Sie damit treu umgehen, wird sie der Herr für seine Pläne nutzen.

Vielleicht denken Sie: »Brian, ich habe schon sehr viele Jahre treu und fleißig die Dinge genutzt, die ich in Händen halte, bin jedoch meinen Herzenswünschen offensichtlich keinen Zentimeter näher gekommen.«

Ich würde Sie in diesem Fall ermutigen, sich erstens selbst als Schöpfung des Herrn anzunehmen und zweitens zu beginnen, sich zu verändern. Treten Sie vor Gott und bringen Sie ihm die Bereiche, die Meinungen und Dinge, die in Ihrem Leben vielleicht eine Mauer errichtet haben und Sie davon abhalten, seine Verheißungen und seinen Auftrag voll in Anspruch zu nehmen.

Bedauerlicherweise kann es vorkommen, dass die Talente eines Menschen ihn dorthin führen, wo sie von seinem Charakter nicht mehr gestützt werden. Ich möchte Sie deshalb ermutigen, niemals die scheinbar unwichtigen Eigenschaften Ihres Charakters zu unterschätzen. Sie haben sehr viel Potenzial. Lassen Sie es nicht zu, dass sie Sie davon abhalten, Ihre heilige Berufung zu erkennen.

Und letztendlich möchte ich Sie ermutigen, sich in einem Dienst in Ihrer Gemeinde einzubringen, wenn Sie es nicht schon tun. In Lukas 16,10 heißt es: »Wer in kleinen Dingen treu ist, wird auch in großen treu sein.«

Vielleicht glauben Sie, dass der Herr Sie in die Welt berufen hat, aber wenn Sie ihm im Hier und Jetzt bei den scheinbar kleinen Dingen nicht treu sind, werden Sie auch in den großen Dingen nicht treu sein und sie nicht anvertraut bekommen. Beginnen Sie, in einer Gemeinde zu dienen oder sich ehrenamtlich für einen guten Zweck zu engagieren oder Ihre Gaben auf Ihrer Arbeitsstelle einzusetzen.

Wenn Sie dort beginnen, treu und fleißig zu sein, glaube ich, dass Gott die Tür für Ihre Herzenswünsche öffnen wird.

Was liegt in Ihren Händen? Ist es ein Talent für Musik? Ein Talent für Zahlen? Ein guter Geschäftssinn? Gastfreundschaft? Eine Begabung als Redner? Die Gabe, zuzuhören und ermutigen zu können? Es kann sich um eine einzelne Gabe oder um eine ganze Fülle von Talenten handeln. Ich glaube, ehrlich gesagt, dass wir alle in diesem Augenblick darüber nachdenken sollten, was wir eigentlich in Händen halten. Erkennen Sie das Potenzial, das Gott Ihnen geschenkt

Vielleicht glauben Sie, dass der Herr Sie in die Welt berufen hat, aber wenn Sie ihm im Hier und Jetzt bei den scheinbar kleinen Dingen nicht treu sind, werden Sie auch in den großen Dingen nicht treu sein und sie nicht anvertraut bekommen.

hat, und überlegen Sie, wie Ihnen das helfen könnte, die Wünsche Ihres Herzens in einem weitaus größeren Maße zu erfüllen.

Psalm 37 berichtet von den Wünschen unseres Herzens und sagt uns, wie wir unser Leben dem Herrn hingeben können. Gott hat für Ihr Leben einen Plan vorherbestimmt, der mit dem übereinstimmt, wie er Sie geschaffen und geformt hat. Dienen Sie ihm mit den Gaben, die er Ihnen geschenkt hat, und er wird Ihnen die Träume Ihres Herzens schenken.

Kapitel 8

Der Segen harter Arbeit

Einmal war ich zu einer Hochzeit eingeladen und saß an einem Tisch mit lauter fremden Menschen, was immer ein bisschen peinlich sein kann. Also begann ich mit dem Mann rechts neben mir den üblichen Smalltalk. »Wie haben Sie das Brautpaar kennengelernt?« »Haben Sie heute auch den Rasen gemäht? Wir hatten ausgezeichnetes Wetter, um den Rasen zu mähen.« »Welches Team gewinnt Ihrer Meinung nach die Meisterschaft?« Und schließlich: »Was arbeiten Sie?« Meistens bekomme ich die interessantesten Reaktionen, wenn ich erzähle, dass ich Pastor bin, aber hier versagte sogar meine Jobfrage. »Ich packe Hühnermist in Beutel und verkaufe sie«, antwortete er. »Ach wirklich«, sagte ich. »Und lieben Sie Ihre Arbeit?« (Was hätte ich sonst sagen sollen?) »Es ist eben Hühnermist«, antwortete er. Und fuhr dann fort, welcher der schlimmste Teil seiner Arbeit war, als wenn noch eine Erklärung nötig gewesen wäre. Er sagte, dass es einen bestimmten Parasiten oder irgendein Bakterium im Hühnermist gäbe, das sich in der Schleimhaut der Nasenhöhle festsetze. Es ist fast unmöglich, es zu töten, und infolgedessen riecht man immer Hühnermist, völlig gleichgültig, wie sauber man ist oder wie oft man geduscht hat. Und weil man es selbst riechen kann, denkt man, jeder andere Mensch würde es auch riechen können!

Nun, Sie stimmen mir sicher zu, dass dieser Job zu den schlimmsten Jobs der Welt gehört! Den schlimmsten Job, den ich in meinem Leben gemacht habe, hatte ich in der Zeit vor unserer Hochzeit angenommen. Ich sparte gerade Geld für die Hochzeit und die Flitterwochen und arbeitete deshalb Nachtschicht und putzte eine große Automontagefabrik. Ich musste die Männertoilette reinigen (was fast der Arbeit mit Hühnermist gleichkam!) und auch die Cafeteria saubermachen, was fast genauso schlimm war. Aber da ich den Job für eine wichtigere Sache angenommen hatte, machte es mir nicht so viel aus.

Ich kenne einige Menschen, die Arbeit wirklich hassen, auch wenn es sich um eine Tätigkeit handelt, die Gott gerade jetzt in ihre Hände gelegt hat. Ich glaube, es ist möglich, dass jemand die Freiheit und die Hoffnung versteht, die uns die Errettung schenkt, und auch den Ruf Jesu für sein Leben annimmt und sich von ihm leiten lässt. Aber wenn Sie nicht die Kraft und den Segen kennen, der in harter Arbeit liegt, wird der Auftrag des Vaters in Ihrem Leben trotzdem nicht Wirklichkeit werden.

Arbeit gehört zu dem, wie der Vater Sie geschaffen hat. Denken Sie nur an die Schöpfung. In 1. Mose erfahren wir, dass Gott sechs Tage gearbeitet hat und am siebenten Tage ruhte. Wir sind nach seinem Bild geschaffen, also steht es außer Frage, dass uns Gott auch mit einer Arbeitsmoral geschaffen hat. Aber dennoch sind viele Menschen von ihrer Arbeit gestresst und ihre Leere und Sinnlosigkeit beherrscht sie. Für andere Menschen ist die Arbeit etwas, was sie nur für sich selbst tun und wodurch sie ihre eigenen Bedürfnisse und Wünsche erfüllen können. Wenn diese Beschreibungen auf Sie zutreffen, befinden Sie sich in guter Gesellschaft. Als König Salomo das Buch Prediger schrieb, befand er sich in einem Zustand, den wir heute als abtrünnig bezeichnen würden. Sein Herz war gegenüber dem Herrn kalt geworden und inmitten seines großen Reichtums und Erfolges suchte er nach Antworten.

Salomo hasste die Arbeit so sehr, dass er auch sein Leben hasste. Eine wirklich extreme Form also, seinen Job nicht zu mögen. In Prediger 2,17.18 schrieb er: »Da wurde mir das Leben vollständig verleidet, denn es ist alles so sinnlos, als wolle man den Wind fangen. Ich hasste meine Anstrengungen, die ich unternommen hatte, um etwas zu erreichen, ich muss ja doch alles meinem Nachfolger hinterlassen!«

Salomo wusste wirklich nicht, wie man zukünftige Generationen motivieren und mit neuer Kraft ausstatten konnte. Dann fährt er fort: »Was hat der Mensch letztendlich von seiner schweren Arbeit und von all seinen Sorgen? Er müht sich ab, jeden Tag leidet er, seine Arbeit bringt ihm nur Ärger ein, und selbst nachts findet er keine Ruhe mehr. Es macht keinen Sinn« (22.23).

Betrachten Sie Ihre Arbeit als Mittel, an dessen Ende ein Zweck steht, oder als Mittel, einen neuen Anfang zu beginnen? Betrachten Sie Ihre Arbeit wie Salomo als ermüdend und langweilig oder sehen Sie sie als Katalysator oder Startpunkt für all das, was Gott in Ihrem Leben tun möchte?

Sie müssen daran arbeiten

Viele großartige Dinge begannen mit harter Arbeit. Es dauerte mehr als zweihundert Jahre, bis die Chinesische Mauer die heutige Größe und Breite hatte, ebenso Notre-Dame in Paris; der Panama-Kanal, der den Pazifik und den Atlantik miteinander verbindet, wurde nach vierzig Jahren Bauzeit fertiggestellt, mehr als achtzigtausend Arbeiter hatten daran gearbeitet und mehr als dreißigtausend ihr Leben verloren. Und die Gesichter der US-Präsidenten im Mount Rushmore brauchten vierzehn Jahre, bis sie vollendet waren.

Alle Errungenschaften und Chancen beginnen mit harter Arbeit. Ihre Berufung für den Auftrag des Vaters bildet da keine Ausnahme.

Als ich aufwuchs, sah die Kirche nicht so aus wie die Gemeinde, zu der ich heute gehöre. Viele Gemeinden wachsen, gewinnen an Einfluss und gebrauchen diesen, um in ihrer Stadt einen positiven Unterschied zu bewirken. All ihre Arbeit beruht auf den Mühen und dem Beispiel der Christen, die vor uns gelebt haben.

Ich bete, dass niemandem von uns das Wirken Gottes in seiner Gemeinde im 21. Jahrhundert jemals alltäglich wird. Denn sonst würden wir vielleicht vergessen, dass ein Schlüssel für die Errungenschaften und die vom Königreich eroberten Gebiete harte Arbeit ist. Erfolg fällt nicht einfach so vom Himmel, man erreicht ihn nur durch Fleiß, Überzeugung und manchmal nur mit Kampf. Und es liegt noch ein langer Weg vor uns. Viele Menschen auf der Welt haben noch nie von Jesus gehört!

Vielleicht fallen Ihnen bekannte Prediger ein, die das Evangelium auf Großveranstaltungen zehntausenden Menschen in der ganzen Welt verkünden. Es ist verlockend zu glauben, dass der Einsatz für den Auftrag Jesu an solchen Veranstaltungen und Großereignissen gemessen wird. Die Billy Grahams, Joyce Meyers und Reinhard Bonnkes dieser Welt kommen nicht durch Zufall in diese Stadien und Arenen. Ihre Errungenschaften sind die *Früchte* eines Lebens, das dem Auftrag des Königs hingegeben ist.

In Psalm 128 können wir lesen, dass die Menschen, die den Herrn ehren, gesegnet sein werden und die Früchte ihrer Arbeit genießen können. Mit anderen Worten: Wenn Sie den Herrn lieben und seinen Auftrag in Ihrem Herzen tragen, wird er Sie für all Ihre harte Arbeit belohnen. Und ich rede hier nicht

> Wenn Sie harte Arbeit nicht scheuen und nicht einfach den bequemsten Weg wählen, werden die Früchte Ihres Lebens für alle Menschen sichtbar.

nur von der Arbeit, der Sie zwischen 9 und 17 Uhr nachgehen. Wir müssen Arbeit in unsere Familien investieren, in unsere Freundschaften und unsere geistlichen Verpflichtungen.

Wenn Sie sich der harten Arbeit hingeben und nicht den bequemen Weg wählen, werden die Früchte Ihres Lebens für alle Menschen offenbar. Selbst Salomo musste in all seinem Jammern und Sorgen anerkennen, dass unsere Arbeit Früchte tragen wird, wenn wir uns mit der Aufgabe beschäftigen, die Gott uns gegeben hat.

Prediger 3,10. 12. 13

Ich habe mir die Arbeit angesehen, die Gott den Menschen gegeben hat, damit sie sich damit plagen. […] Von dem her wurde mir klar, dass es das Beste für den Menschen ist, sich zu freuen und das zu genießen, was er hat. Denn es ist ein Geschenk Gottes, wenn jemand isst und trinkt und sich über die Früchte seiner Arbeit freuen kann.

Prediger 3,10. 12. 13

Wir alle haben von Gott eine Aufgabe bekommen, der wir uns widmen und der wir nachgehen sollen, und daran ist nichts sinnlos oder unbedeutend! »Sich widmen« heißt, beschäftigt zu sein, seine Zeit zu investieren, hingegeben zu sein. Haben Sie sich wirklich der Aufgabe hingegeben, die Gott Ihnen geschenkt hat? Worum auch immer es sich handelt, erledigen Sie sie nicht halbherzig. Gehen Sie ihr mit ganzem Herzen nach.

Die Haltung Ihres Herzens

Seit wir verheiratet sind, haben Bobbie und ich immer hart gearbeitet. Aber ich danke Gott, dass wir das Glück haben, mit einer Aufgabe Gottes, mit seinem Auftrag, beschäftigt zu sein. Es nimmt allen Druck von Ihrer Arbeit, wenn Sie einer Aufgabe nachgehen, die über Sie hinausreicht.

Ich weiß nicht, womit Sie Ihre Tage verbringen. Vielleicht arbeiten Sie in einem Büro, vielleicht sind Sie Handlungsreisender, vielleicht kümmern Sie sich voll und ganz um Ihre Kinder, aber wenn Ihre Arbeit voll von Leere, Angst und Stress ist, möchte ich Sie ermutigen zu vertrauen, dass der Herr Ihnen eine Offenbarung über eine Ihrer Aufgaben schenkt. Eine Aufgabe, die von Gott kommt, wird Ihren Blick auf die Arbeit und auf jeden neuen Tag verändern.

Ich kann mich noch gut an einen Flug von Dallas nach Los Angeles erinnern, als ich neben einem Mann saß, der mir erzählte, er wäre Manager in einem großen Unternehmen. Es war nicht zu übersehen: dieser Mann hatte Probleme. Er war aufgekratzt, konnte nicht stillsitzen und er kratzte sich so häufig am Kopf, dass ihm Blut den Nacken hinunterlief. Für einen Moment war er so nervös, dass er das Bordtelefon an seinem Sitz nahm und es zerlegte. Ich machte mir etwas Sorgen, denn ich hatte keine Ahnung, was diesen Mann so beunruhigte. Er schien zum hundertsten Mal von seinem Platz aufzustehen und ich wollte versuchen, ihn zu beruhigen. Als er wieder zu seinem Sitz zurückkehrte, fragte ich ihn, was ihn so beschäftigte und ihm Sorgen bereitete. Es wurde deutlich, dass ihn seine Firma wegen seines Arbeitsstresses beurlaubt hatte. Er hatte einen Burnout. Als wir uns weiter unterhielten, erfuhr ich, dass seine Ehe in einer Krise steckte und ihn zudem noch weitere, tiefgehende Probleme plagten.

Auch Salomo bekannte, dass seine Verzweiflung und seine Zweifel tatsächlich von Fragen kamen, die er tief in seinem Herzen verborgen hielt. Er gab zu: »Ich verzweifelte fast, als ich mir alle Mühe und Arbeit vor Augen hielt, die ich mir hier auf der Erde gemacht hatte« (Prediger 2,20). Salomo fand keine Ruhe im Herzen, weil er sein Herz von Gott abgewendet hatte. Wenn Sie Gott aus Ihrem Leben streichen, kann Ihre Arbeit äußerst leer erscheinen. Aber wenn Sie erkennen, dass Ihre Arbeit Bedeutung für die Ewigkeit hat, wird sie Sie in mehr als nur einer Hinsicht versorgen und Ihnen Auftrieb geben.

Vielleicht hört es sich nach einem Widerspruch an, aber wussten Sie, dass harte Arbeit Sie wirklich ernähren kann? Jesus sagte: »Meine Nahrung ist, dass ich den Willen Gottes tue, der mich gesandt hat, und sein Werk vollende« (Johannes 4,34). Wenn wir in unseren Herzen das richtige Verständnis haben, wofür wir uns abmühen und arbeiten, werden wir Freiheit und Erfüllung ernten.

> Die Antwort auf Arbeitsstress liegt in der Haltung Ihres Herzens, denn Stress und Kämpfe sind Probleme Ihres Herzens.

Die Position der Sonne

Immer und immer wieder sprach Salomo von dem Frust, oder wenn Sie so wollen, von der Sinnlosigkeit des Lebens unter der Sonne. Wenn Sie in Ihrem Büro sitzen, aus dem Fenster sehen und draußen herrlicher Sonnenschein herrscht, kann ich gut verstehen, dass Sie viel lieber draußen in der Sonne wären, anstatt an Ihrem Schreibtisch zu arbeiten. »Unter der Sonne« (Prediger 2,18; L) zu sein bezieht sich auf die irdischen und endlichen Dinge. Wenn wir hingegen unseren Blick auf die Ewigkeit oder unseren Auftrag richten, wird es möglich, alles aus himmlischer Perspektive zu betrachten – von über der Sonne und nicht von darunter.

Jesus lehrte uns zu beten: »Dein Wille erfülle sich hier auf der Erde genauso wie im Himmel« (Matthäus 6,10). Sie können ein Leben führen, das vollkommen der Aufgabe hingegeben ist, den Willen des Vaters zu tun, und so alle Sinnlosigkeit und alle Sorgen eines Lebens unter der Sonne überwinden. Wenn Sie sich vor Augen halten, dass Sie den Willen Gottes und seinen Segen in das Leben anderer Menschen hineintragen, ist das ein viel kraftvollerer Zugang zu Ihrer Arbeit. Die Arbeit wird zur Freude, weil Sie erkennen, dass Ihre Mühen Bedeutung für die Ewigkeit besitzen.

> Die Antwort auf die Sinnlosigkeit der Arbeit ist die Position der Sonne. Wenn Sie Ihre Arbeit von einer menschlichen Perspektive aus betrachten, kann Sie Ihnen sehr leer erscheinen. Aber wenn Sie die himmlische Sichtweise einnehmen, sehen Sie die vielen Möglichkeiten.

Wer sitzt an Ihrem Tisch?

Für viele Menschen dreht sich ihre Arbeit nur um ihr eigenes Auskommen. Aber ich glaube wirklich, dass Gott Sie nicht nur ernähren und versorgen möchte, sondern er möchte Sie auch gebrauchen, um andere zu ernähren und zu versorgen.

Das Christentum dreht sich nicht nur um die Frage, ob man genügend Essen auf dem Tisch hat, sondern auch, ob man genügend Essen hat, um anderen den Tisch zu decken. Nun spreche ich hier nicht davon, jeden Abend für die ganze Nachbarschaft zu grillen. Es geht mir darum, genügend Reserven zu haben (Zeit, Finanzen, emotionale Unterstützung, Weisheit und so weiter), um freigiebig anderen davon geben zu können.

Salomo war so auf sich selbst konzentriert, dass sich alles nur um ihn drehte: »Ich vollbrachte Großartiges: Ich baute mir Häuser und pflanzte Weinberge. Ich legte Gärten und Parks an und ließ alle Sorten Obstbäume setzen. Ich sammelte das Wasser in Teichen, um damit meine vielen Bäume zu bewässern. Ich kaufte Sklaven und Sklavinnen, und weitere Sklaven wurden in meinem Haus geboren« (Prediger 2,4-7).

Wie viele Menschen heutzutage auch, verglich Salomo seinen Besitz damit, was die Nachbarn hatten. »Ich besaß größere Schaf- und Viehherden als irgendjemand vor mir in Jerusalem« (Prediger 2,7).

Nach einiger Zeit musste Salomo jedoch erkennen, dass all seine Bemühungen, Reichtum, Ruhm und Einfluss anzuhäufen, so unnütz waren »wie der Versuch, den Wind einzufangen« (Prediger 2,11). Erst als Salomo erkannte, dass Mühe und die Früchte seiner Arbeit Gaben Gottes waren, konnte er sich seiner gottgegebenen Aufgabe widmen und sein Leben wurde von dem wahren Auftrag und neuer Bedeutung erfüllt.

Wenn eine Arbeit vor Ihnen liegt, schauen Sie sie nicht an, schauen Sie durch sie hindurch. Konzentrieren Sie sich auf das, was auf der anderen Seite Ihrer Arbeit liegt und wie Sie für die Dinge freigesetzt werden können, die in Ihrem Herzen sind, und wie Sie andere Menschen dadurch verändern können.

> Die Antwort auf selbstsüchtige Arbeit liegt in der Tischgemeinschaft und in Ihrer Fähigkeit und Bereitschaft, andere Menschen zu versorgen.

Es liegt ein Segen auf harter Arbeit. Betrachten Sie sie deshalb nicht als stumpfsinnig oder als notwendiges Übel, betrachten Sie sie als Chance. Wenn Sie etwas von Ihrer göttlichen Berufung verstehen und begreifen, dass sie über Sie hinausreicht, dann vergessen Sie nicht, dass die Aufgabe, die vor Ihnen liegt, von Gott gegeben ist, auch wenn es so scheint, als wäre sie weit von dem entfernt, was Ihnen am Herzen liegt. Lassen Sie es zu, dass Gott Sie berufen und genau dorthin gestellt hat, um Ihrem Herzen neue Kraft zu schenken.

Ich möchte Sie ermutigen, das zu nutzen, was Sie in Händen halten, um dem Herrn und seinem Königreich treu zu dienen. Geben Sie Ihr Leben hin, um etwas Gutes zu tun und diese Welt zum Guten zu verändern. Und vergessen Sie nicht, die Früchte Ihrer Arbeit zu genießen – freuen Sie sich an dem Weg!

Teil Vier

Der Auftrag und das Ziel

Kapitel 9

Leben mit einer Berufung und einem Ziel

Ich bin ein von Natur aus impulsiver Mensch. Wenn ich das Gefühl habe, dass in der Gemeinde alles zu vorhersagbar wird oder die Menschen zu gesetzt geworden sind, gefällt es mir, etwas Unordnung hineinzubringen. Ich mag Flexibilität mehr als starre, unbewegliche Strukturen, manchmal allerdings zum Missfallen meiner Mitarbeiter und meines Teams.

Nehmen wir zum Beispiel den Ablaufplan unserer Gottesdienste, der einen kurzen Überblick über jede Versammlung gibt und deutlich machen soll, was vermutlich während des Gottesdienstes geschehen wird. Er ist eine Hilfe für das Anbetungsteam, er lässt das Technikteam wissen, wann es Videos einspielen soll und der Prediger weiß, wann er aufhören muss zu predigen! Aber für mich ist er lediglich ein Anhaltspunkt, und manchmal ändere ich ohne Vorwarnung einige Punkte. Sie sollten mal erleben, wie das Technikteam plötzlich sehr hektisch wird! Ich überlasse manchmal einiges dem Zufall, aber Gott überlässt nichts dem Zufall. Er ist ein Gott mit einem Ziel, und alles, was er tut, ist auf ein bestimmtes Ziel ausgerichtet.

Alles, was er geschaffen hat, ist für dieses Ziel erschaffen worden. In Psalm 24,1 steht: »Die Erde und alles, was darauf ist, gehört dem Herrn. Die Welt und die Menschen sind sein.« Die Erde, die Berge, die Meere, Sie und ich, alle existieren nur für ihn.

In Leben mit Vision[2] beginnt Rick Warren mit folgendem Satz: »Es geht nicht um Sie.« Es gibt keine größere Wahrheit, wenn es darum geht, für seinen Auftrag zu leben und Gottes Vision und Ziel zu erfüllen. Es geht um Gott und um andere Menschen.

---

[2] Rick Warren: Leben mit Vision: Wozu um alles in der Welt lebe ich? Wiesbaden: Projektion J, 11. Auflage 2006.

Das Geheimnis eines Lebens mit einem konkreten Ziel besteht darin, für etwas zu leben, das größer ist als wir selbst. Unser Ziel soll alles beeinflussen, was wir tun, und uns motivieren und inspirieren für unser Leben mit Gott, unsere Beziehungen, unsere Familie und unsere Karriere – für jeden Aspekt unseres Lebens.

> Das Geheimnis eines Lebens mit einem konkreten Ziel besteht darin, für etwas zu leben, das größer ist als wir selbst.

In Psalm 23 können wir erfahren, wie ein Leben mit einem Ziel aussehen sollte. Es ist ein Psalm voller Ruhe, mit seinen grünen Weiden und stillen Wassern, und ein Psalm mit einem Ziel. Die ersten Worte lauten: »Der Herr ist …« (V. 1) und die letzten »für immer im Hause des Herrn« (V. 6). Der Schlüsselsatz steht jedoch am Ende von Vers 3: »um seines Namens willen.«

Ich glaube, dass sich unser Leben daran orientieren sollte: »der Herr ist« und deshalb tue ich alles »um seines Namens willen« und werde »für immer im Hause des Herrn« sein. Und wohin uns der Herr auch führen mag, sei es an stille Wasser oder auf grüne Weiden zur Erfrischung unserer Seelen oder durch das dunkle Tal – es geht immer um seine Berufung und sein Ziel. Es geht um Gott am heutigen Tag, es geht um die Ewigkeit und es geht um jeden Tag dazwischen, gelebt für seinen Namen.

Unser Ziel formt unser Leben, es bestimmt, wie wir auf bestimmte Dinge reagieren, welche Entscheidungen wir treffen und wie wir den unterschiedlichen Situationen des Lebens begegnen. Ein Ziel schenkt unserem Leben eine neue Dimension.

Bei einigen von uns ist das Bewusstsein für dieses göttliche Ziel seit vielen Jahren eingeschlafen. Es ist nicht mehr viel mehr als ein leises Flüstern, das neben den Problemen, den verpassten Gelegenheiten und Verletzungen, die das Leben mit sich bringen kann, begraben liegt. Aber es ist an der Zeit, aufzuwachen!

Wenn der Herr Ihnen ein Bewusstsein für das Ziel und Ihre Berufung schenkt, wird es Ihr Leben ruinieren, wenn Sie ihm nicht folgen. Denn nichts anderes wird Ihnen jemals wahren Frieden geben können, denn Sie werden nur Frieden finden können, wenn Sie das Ziel Gottes verfolgen.

Ein Ziel schenkt Ihnen einen Blick für das Wesentliche

Wenn Sie einmal einen Zirkus oder eine Löwendressur besucht haben, werden Sie vermutlich die Werkzeuge des Löwenbändigers kennen: eine Peitsche und ein kleiner Hocker. Der dreibeinige Stuhl ist der Trick, um die tödlichen Raubtiere auf Abstand zu halten, weil die Löwen nicht wissen, auf was sie sich konzentrieren sollen, und wie gelähmt werden. Auf dieselbe Weise kann der fehlende Blick auf das Wesentliche uns lähmen oder ineffektiv werden lassen.

Das Leben vieler Menschen ist ohne Einfluss und ohne Fortschritt, weil sie sich nicht auf eine konkrete Sache konzentrieren. Stattdessen gibt es viele Dinge, die ihre Aufmerksamkeit, ihre Zeit und ihre Hingabe für sich in Anspruch nehmen wollen.

Ein Leben, das für Gottes Ziel gelebt wird, erhält sofort einen Fokus. Es gibt keinen Raum für Mehrgleisigkeit oder Spaltungen. Gottes Ziel und seine Berufung wird Ihnen ein ungeteiltes Herz für das Wesentliche verleihen.

Bobbie und ich werden oft gefragt, wie wir es schaffen, unsere Ehe, die Beziehung zu unseren Kindern, unser Gemeindeleben, unsere Freunde und unsere Termine in aller Welt unter einen Hut zu bringen. Das ist eigentlich ziemlich einfach für uns, weil wir beide das Gefühl haben, nur eines zu tun – und das ist, für Gottes Ziel und seinen Auftrag zu leben. Unser Leben konzentriert sich darauf, das Reich Gottes wachsen zu sehen, großartige Kinder großzuziehen und eine starke Ehe zu führen. Auf allen Ebenen geht es uns um Gott und sein Haus.

> Gott ist die Mitte und alle anderen Bereiche Ihres Lebens gehen von ihm aus oder hängen von ihm ab.

Ich glaube, Schwierigkeiten tauchen dann auf, wenn Menschen versuchen, ihr Leben in eine Schublade zu pressen oder es in verschiedene Bereiche aufzuteilen. Eine Schublade gehört Gott, eine andere der Familie, und eine dritte ist für die Gemeinde und den Dienst vorgesehen. Diese Aufteilung mündet in ständige Frustration, weil verschiedene Bereiche Ihres Lebens dann Ihre Aufmerksamkeit einfordern. Der Schlüssel ist, Ihr Leben zu vereinfachen, indem Sie die Teile wieder zusammensetzen.

Ihr Leben sollte nicht aus einer Aufgabenliste bestehen, bei der die unterschiedlichen Prioritäten miteinander konkurrieren. Wir alle haben nur ein Leben zu führen, eines, das Gott gefällt. Gott ist darin der Mittelpunkt und all die anderen Bereiche Ihres Lebens gehen von ihm aus oder hängen von ihm ab.

> Wenn es um unser Ziel geht, müssen wir nach dem Briefmarkenprinzip vorgehen – bleiben Sie einer Sache verhaftet, bis sie ihr Ziel erreicht hat. Dieses Ziel ist für uns die Ewigkeit.

Wenn es um unser Ziel geht, müssen wir nach dem Briefmarkenprinzip vorgehen – bleiben Sie einer Sache verhaftet, bis sie ihr Ziel erreicht hat. Für uns ist dieses Ziel die Ewigkeit.

Ein Ziel formt unser Zeugnis

Worte haben Macht, und was aus unserem Mund kommt, kann entweder aufbauen oder zerstören. Was Sie über andere Menschen und über sich selbst sagen, offenbart, was in Ihrem Herzen ist. »Denn immer bestimmt ja euer Herz, was ihr sagt« (Matthäus 12,34).

Es ist wahr; der gute Mensch wird aus dem Guten seines Herzens heraus gute Dinge sagen. Der böse Mensch wird aus dem Bösen seines Herzens heraus Böses sagen. Wenn Ihr Herz von einem Ziel und einer Berufung erfüllt ist, werden Sie diese auch in Ihrem Mund führen, in Ihren Worten und Ihrem Zeugnis zum Ausdruck bringen. Ihr Ziel wird die Art und Weise beeinflussen, wie Sie über Ihre Zukunft sprechen, was Sie von Gott und sich selbst denken und woran Sie glauben.

Um zu sehen, wie das Ziel des Vaters Wirklichkeit wird, brauchen Sie sein Wort in Ihrem Herzen. In 5. Mose 30,14 steht: »Seine Botschaft ist euch ganz nah; sie liegt auf euren Lippen und in eurem Herzen, sodass ihr sie befolgen könnt.« Zunächst einmal müssen wir Gottes Wort kennen, damit unsere Worte auch tatsächlich das widerspiegeln, was in seinem Herzen ist.

Sie können Ihr Herz nicht durch einfache Lippenbekenntnisse austricksen. Solche Worte sind hohl und haben wenig Gewicht. Aber wenn Sie aus der Fülle Ihres Herzens reden und dabei Worte sprechen, die von einem Geist ausgehen, der den Plan Gottes begreift, dann sind Ihre Worte von einem Ziel und mit Vollmacht erfüllt.

Ein Ziel schenkt Leben

Jedes Jahr strömen tausende Studenten aus aller Welt zur Hillsong-Bibelschule, um für ein bis drei Jahre in den Bereichen Leiterschaft, Anbetung und TV und Medien unterrichtet zu werden und bei uns mitzuarbeiten. Nach dem Bibelstudium gehen sie meistens zurück in ihre Heimatgemeinde und nehmen den gelernten Stoff und die Erfahrungen mit. Zu Beginn jedes Semesters versammele ich immer die Studenten und unser Team, damit beide eine Chance bekommen, sich kennenzulernen. Ich liebe diese Treffen, denn wenn ich auf dieses Meer von Gesichtern blicke, sehe ich Menschen, die Leben ausstrahlen und die von ihrem Auftrag und ihrem Ziel begeistert sind. Diese Begeisterung kann man förmlich auf ihren Gesichtern spüren – sie leuchten.

Genau das bewirkt ein Leben »um seines Namens willen«. Es ist, als stünde das Ziel Gottes in Ihr Gesicht und Ihr Leben geschrieben. Seine Gegenwart und sein Ziel werden sichtbar durch Ihre Worte, durch Ihr Leben, Ihre Werte (und Ihre Prinzipien) und die Art und Weise, wie Sie Hindernissen und Herausforderungen begegnen. Sie besitzen eine wissende Standfestigkeit und ein stilles Vertrauen auf Gott.

König David zeigte genau diesen Glauben und diese Sicherheit in den Psalmen. Selbst als er von seinen Feinden umzingelt war, konnte David über Gott sagen: »Er lässt mich in grünen Tälern ausruhen, er führt mich zum frischen Wasser. Er gibt mir Kraft. Er zeigt mir den richtigen Weg um seines Namens willen. […] Du überschüttest mich mit Segen« (Psalm 23,2.3.5).

David spricht vom Durchqueren des Tales des Todes und sagt: »Auch wenn ich durch das dunkle Tal des Todes gehe, fürchte ich mich nicht« (Psalm 23,4). Das ist ein großer Unterschied zu der Aussage, man müsste überhaupt nichts Böses befürchten. Gleichgültig, wie furchteinflößend das »Tal des Todes« auch aussieht oder wie viele Geier über Ihrem Kopf kreisen, müssen Sie vor nichts Angst haben, weil der Herr mit Ihnen ist. Voller Zuversicht dürfen Sie auf die Zukunft blicken und wissen: Das Beste liegt noch vor Ihnen!

Die Menschen, die mit einem Ziel leben, scheinen immer einen Weg zu finden, wie Sie aus dem Tal wieder herauskommen und den Gipfel erobern, weil die Hingabe zu Ihrem Ziel größer ist als jede Entmutigung und jeder Widerstand. Wenn Sie auf Probleme treffen oder unter einem Angriff des Feindes leiden, können Sie sicher sein, dass es einen Ausweg gibt. Sie können auf die Tatsache vertrauen, dass »für die, die Gott lieben und nach seinem Willen zu ihm gehören, alles *zum Guten führt*« (Römer 8,28; Hervorhebung durch den Autor).

> Menschen mit einem Ziel scheinen immer einen Weg zu finden. Sie kommen aus dem Tal wieder heraus und erobern den Gipfel, weil die Hingabe zu Ihrem Ziel größer ist als jede Entmutigung und jeder Widerstand.

Ein Ziel lässt Sie Ihren Mangel überwinden

»Der Herr ist mein Hirte, ich habe alles, was ich brauche« (Psalm 23,1). Das bedeutet, wir werden nicht verkümmern, zu Grunde gehen oder kleingehalten. Das würde Mangel in Ihrem Leben bewirken. Ob es sich dabei um einen materiellen Mangel (wie ein finanzieller Engpass) oder einen Mangel an Kreativität, an Weisheit, Glauben oder Frieden handelt – ein Mangel lässt Ihr Leben verkümmern und Ihr Potenzial schwinden.

Mangel zu haben, ist eine Sache, eine völlig andere ist, seinen Mangel noch zu verherrlichen. Es ist sehr traurig, wenn Menschen zulassen, dass ihr tatsächlicher oder eingebildeter Mangel sie von der Zukunft abhält, die der Herr für sie bereithält. David wusste, dass der Herr sein Hirte war und all sein Vertrauen, seine Versorgung und seine Bedürfnisse lagen bei Gott, selbst in Zeiten des Mangels.

Sie können es sich nicht leisten, daran Mangel zu haben, was Gott in Ihrem Leben aufbauen möchte. David konnte es sich nicht leisten, an Gottes Gegenwart Mangel zu haben. Daniel konnte es sich nicht leisten, einen Mangel an Rechtschaffenheit zu haben, und Salomon durfte es nicht an Weisheit mangeln. Er sagte, »Weisheit zu erwerben ist das Wichtigste im Leben!« (Sprüche 4,7). Diese Männer wussten alle, dass ein »Mangel« sie ihres Ziels berauben konnte. Genauso wird ein Mangel in Ihrem Leben – gleichgültig, in welchem Bereich er existiert – versuchen, all jenes wegzunehmen, das Jesus Ihnen schenken möchte und wofür er gestorben ist.

Sie wurden dazu geschaffen, ein Leben mit einem Ziel und einer Berufung zu führen. Und deshalb müssen Sie die Macht des Mangels brechen, wo immer er auch einen Fuß in Ihr Leben gesetzt hat. Wenn Sie mit einem Ziel leben, wird Ihnen das dort Überfluss schenken, wo Sie der Mangel zurückhalten will. Tatsächlich schenkt Ihnen ein Ziel die Möglichkeit und die Überzeugung, die Fesseln des Mangels in Ihrem Leben zu brechen.

Ein Ziel schenkt Ihnen Überfluss

In meinem Büro hängen viele Fotos von Bobbie und den Kindern, ein großartiges Gemälde eines Cricketspiels (eine Sportart, die nicht in allen Teilen der Welt so beliebt ist) und andere bedeutsame Erinnerungsstücke. Warum? Weil sie für Dinge stehen, die ich liebe und genieße, und sie mir dabei helfen, mir das immer wieder vor Augen zu führen. Letztendlich sind sie jedoch lediglich Bilder und sie können Zeit mit meiner Familie, die Gegenwart Gottes oder ein gutes Spiel nicht ersetzen. Mit anderen Worten: Es geht nicht um die Bilder, sondern es ist wichtiger, wofür sie stehen.

In unserem wirklichen Leben halten wir uns manchmal an Äußerlichkeiten und erwarten, dass sie unsere Seelen satt machen und uns neu erfüllen. Oftmals denken wir: *Wenn ich nur auf einem Bauernhof leben könnte und einige dieser grünen Weiden hätte, von denen David spricht.* Aber diese grünen Wiesen sind nicht wörtlich zu verstehen. Vergessen Sie nicht: David war auf der Flucht vor seinen Feinden, er sprach davon, den inneren Frieden und die Ruhe zu finden, die nur der Herr schenken kann. Er ist es, der unsere Seelen wieder aufrichtet und uns den richtigen Weg zeigt (Psalm 23,3).

In mehr als einem halben Jahrhundert habe ich noch nie einen Menschen erlebt, der es aufgegeben hat, sein von Gott gegebenes

Ziel zu verfolgen und gleichzeitig Frieden und Ruhe gefunden hat. Vielleicht hat ein solcher Mensch geglaubt, dass er Frieden finden könnte, wenn alles weniger hektisch wäre, wenn er weniger Verpflichtungen in der Gemeinde hätte oder er oder sie weniger freigiebig wäre. Aber wenn Sie mit einem Ziel vor Augen leben, erfüllt Sie Gott mit Ruhe. Selbst inmitten des hektischen Alltagslebens, selbst wenn Sie kein beschauliches und ruhiges Leben führen, wird er Ihre Seele wieder aufrichten.

Für ein Ziel Gottes zu leben wird Sie auf jeden Fall aus Ihrer Kuschelecke herausführen.

Nichts schenkt aber mehr Erfüllung, als im Willen des Vaters zu leben. Wenn Gott ein Ziel in Ihr Herz gelegt hat, werden Sie sich mit nichts anderem mehr zufrieden geben. Sie wurden mit einem Ziel und für ein Ziel geboren und Sie leben für das Haus Gottes in dieser Welt. Über Ihrem Leben steht geschrieben: »Der Herr ist Herr für immer und ewig.« Und nichts weniger als das wird Ihnen jemals Erfüllung schenken können.

Ein Ziel bestimmt, was Ihnen nachfolgt

Der Gründer der Heilsarmee, William Booth, musste zu Beginn seiner Arbeit sehr viel Kritik und zahlreiche Angriffe der Presse und anderer geistlicher Leiter ertragen. Wenn sein Sohn Bramwell ihm den neuesten Zeitungsartikel brachte, sagte er immer zu ihm: »Bramwell, in fünfzig Jahren wird es nur noch wenig Bedeutung haben, wie uns diese Leute behandeln. Aber es wird sehr große Bedeutung haben, wie wir mit dem Werk Gottes umgegangen sind.«

Genau wie bei William Booth steht es vielleicht nicht in unserer Macht, die Hindernisse, die sich uns in den Weg stellen oder die Herausforderungen, denen wir ins Gesicht sehen müssen, zu verändern oder wegzuwischen. Aber wir haben Macht über das, was wir hinterlassen – unser Erbe. David sagte: »Gutes und Barmherzigkeit werden mir folgen mein Leben lang« (Psalm 23,6; L).

Was Ihnen folgt, wird von dem bestimmt, was Sie im Leben verfolgen. Wenn Sie Gottes Zielen folgen, wird sein Charakter und sein Wesen auch Ihnen folgen.

Ein Ziel hat viele Dimensionen

Ein Ziel ist nicht eindimensional. Wenn Sie ein Ziel verfolgen, das der Herr in Ihr Leben gegeben hat, werden Sie eine völlig neue Dimension der Errettung, des Wirkens des Heiligen Geistes, von Gottes Versorgung, Ihrer eigenen Veränderung und Heilung und der Gemeinde erleben.

Was die Errettung betrifft, so schenkt Ihnen ein Ziel die Einsicht, dass es beim »Gerettetsein« um mehr geht als nur um Sie und den Himmel. Sie bekommen einen Blick für die Ewigkeit. In Lukas 4,18 können wir lesen: »Der Geist des Herrn ruht auf mir«. Ja, der Geist liegt auf Ihnen, aber ein Ziel hilft Ihnen zu erkennen, warum dies der Fall ist! Er hat Sie gesalbt, um das Evangelium zu predigen, die Menschen mit zerbrochenem Herzen zu heilen, den Gefangenen Freiheit zu schenken und die Blinden sehen zu lassen (Lukas 4,18.19).

Die Kraft des Heiligen Geistes ist nicht nur für Sie reserviert. Diese Kraft sollte über Sie – und mich – und die vier Kirchenwände hinausgehen.

Auch Gottes Versorgung nimmt eine neue Dimension an, wenn Sie mit einem Ziel verbunden ist. Stellen Sie sich vor, Sie gehen eine Straße entlang und plötzlich fällt Ihnen ein saftiger roter Apfel auf den Kopf. Vielleicht denken Sie, dass das ein Wunder von Gott ist, der Sie versorgen möchte. Aber auf der anderen Seite des Gartenzauns schüttelt der Eigentümer des Gartens seinen Apfelbaum, weil er die Vorbeigehenden segnen möchte.

Menschen, die das Ziel nicht erkannt haben, können von einem Wunder zum nächsten leben, aber Gott handelt sowohl in Wundern als auch in Segnungen von anderen Menschen. Ich glaube, der Herr möchte nicht nur, dass Sie den Apfel bekommen, sondern dass Sie auch der Mensch werden, der den Apfelbaum schüttelt.

Ein Ziel verleiht Ihrer Veränderung und Ihrer Heilung eine neue Dimension. Ein Ziel macht den Unterschied zwischen einer Erlösermentalität »Herr, bitte nimm es weg« und einer Überwindermentalität »Gott, hilf mir, den Sieg davonzutragen« deutlich. Manchmal bitten Menschen Gott, genau das fortzunehmen, was er ihnen geschenkt hat, um ein Überwinder zu sein. Und traurigerweise leben diese Menschen als Opfer der Situation und nicht als Überwinder.

Eine Offenbarung unseres Ziels hilft uns, zu erkennen, wie wichtig Veränderung ist. Wenn es um Heilung und Wiederherstellung geht, weckt ein Ziel in uns das Bedürfnis, uns zu verändern und nicht mehr derselbe Mensch zu bleiben. Bei einer Heilung geht es nicht mehr länger nur um Sie selbst, es geht darum, Ihr Leben so zu verändern, dass es andere Menschen ermutigt und sie zu Jesus führt. Es geht darum, Sie auszurüsten, damit Sie einen positiven Unterschied in der Welt bewirken.

> Manchmal bitten Menschen Gott, genau das fortzunehmen, was er ihnen geschenkt hat.

Und letztendlich verleiht ein Ziel auch Ihrer Heimatgemeinde eine neue Dimension. Hebräer 10,25 erinnert uns daran, dass wir nicht aufhören sollen, uns mit anderen Gläubigen zu versammeln. Wenn wir glauben, wir wären nur für den Himmel gerettet, kann die Gemeinde zu einer Verpflichtung werden. Wenn es aber um ein Ziel geht, rückt das auch die Gemeinde und Ihre Hingabe an das Haus Gottes in ein neues Licht. Sie werden erkennen, dass die Gemeinde wie ein menschlicher Körper ist, und alle Mitglieder unterschiedliche und sehr wichtige Teile dieses Körpers sind. Wenn Sie fehlen, wird der Leib Christi nicht so effektiv arbeiten, wie er könnte. Bei der Gemeinde geht es vor allem darum, den Auftrag des Königs auszuführen.

»Für immer im Hause des Herrn«, jeder Augenblick geschieht »um seines Namens willen« (Psalm 23,3). Gottes Ziel macht uns eins. Wenn Sie Ihre Augen auf das Ziel gerichtet halten, wird sich daraus jeder Bereich Ihres Lebens aufbauen. Das Ziel schenkt Ihnen neue Kraft, gibt Ihnen einen klaren Blick, erfüllt Sie, stellt Sie wieder her und bestärkt Sie, alles zu überwinden, was sich Ihnen in den Weg stellt. Eine Offenbarung, dass Sie für ein göttliches Ziel geschaffen wurden, reinigt Ihr Leben von aller Falschheit und Heuchelei und wird Sie auf dem Weg halten, an dessen Ende das Ziel steht, zu dem Gott Sie berufen hat.

Kapitel 10

Zeit für jedes Ziel

Ein junger Mann namens Grant gehört zu unserer Gemeinde seit er fünfzehn Jahre alt ist. Er ging zuerst in unsere Jugendgruppe, heiratete ein Mädchen aus der Gemeinde und hat jetzt eigene Kinder. Ich kann mich noch gut erinnern, wie er mich vor einigen Jahren, kurz nachdem er die Highschool beendet hatte, ansprach und von seinem Problem erzählte. Er wollte die Bibelschule besuchen, um Pastor zu werden, sein Vater jedoch war der Meinung, er solle einen vernünftigen Beruf erlernen. Er fragte mich, was er meiner Meinung nach tun sollte. Ich sagte ihm, er solle seinen Vater ehren, weil immer noch genug Zeit war, zu einer Bibelschule zu gehen. Jahr für Jahr sagte er zu mir: »Pastor Brian, ich würde gerne Pastor werden und eines Tages Ihre rechte Hand in dieser Gemeinde sein.« Ich habe ihn immer ermutigt, mit dem treu zu sein, was er in seinen Händen hielt, und wenn die rechte Zeit gekommen ist, würde der Herr einen Weg zeigen, wie er seinen Herzenswunsch erfüllen konnte.

Er wechselte schließlich seinen Beruf und wurde Handelsvertreter für ein Pharmazieunternehmen, verdiente gutes Geld und besaß einen Firmenwagen. Aber dennoch erinnerte er mich immer wieder an seinen Traum.

Nach einigen Jahren entschied ich mich, ihm einen Posten im Team zu geben, sagte ihm jedoch gleichzeitig, dass er ganz von vorne anfangen müsste. Das bedeutete, er musste das gute Gehalt und seinen Dienstwagen aufgeben. Zu meiner Überraschung akzeptierte er das Angebot.

Überspringen wir einige Jahre, in denen er all seine Aufgaben mit Fleiß und Beharrlichkeit gemeistert hat. Als wir einige strukturelle und organisatorische Veränderungen vollzogen, wurde in der Gemeinde eine wichtige Position geschaffen, die besetzt werden musste. Grant war der ideale Mann für diesen Job. Für den Auftrag

Jesu hatte er durchgehalten, Opfer gebracht und voller Hingabe gearbeitet. Und heute tut er genau das, was Gott ihm vor einigen Jahren in sein Herz gelegt hatte.

Er hätte ungeduldig werden und glauben können, seine Zeit würde niemals kommen. Aber stattdessen verstand er, dass jedes Ziel auch Zeit braucht. Viel zu oft muss ich erleben, wie Menschen einen Traum oder einen Job aufgeben oder eine Ehe zerbrechen lassen, weil sie der Meinung sind, alles würde nicht schnell genug vorangehen oder wäre zu lange zu schwer.

Oftmals haben wir das Gefühl, als würde die Zeit gegen uns arbeiten – ein Feind unserer Hoffnungen und Träume. Was denken Sie über die Zeit? Nehmen Sie sie als gegeben hin oder glauben Sie, dass sie gegen uns arbeitet?

> Gott hat uns mit Zeit gesegnet, damit die Ziele und Träume unseres Herzens Wirklichkeit werden können.

Zeit ist in Wahrheit ein Geschenk Gottes. Alles Beständige und Dauerhafte braucht Zeit, um zu wachsen – ein Leben für den Auftrag Jesu bildet da keine Ausnahme. Gott hat uns mit Zeit gesegnet, damit die Ziele und Träume unseres Herzens Wirklichkeit werden können.

Ziele brauchen Zeit

Wenn Sie Zeit als etwas betrachten, das eng mit dem Ziel Gottes in Ihrem Leben verbunden ist, wird das Ihre Sichtweise darauf verändern, wo Sie sich im Moment befinden und wohin Sie unterwegs sind. Sie werden entdecken, dass die Zeit in Wahrheit für Sie arbeitet. In Prediger 3,1 können wir nachlesen: »Alles hat seine Zeit, alles auf dieser Welt hat seine ihm gesetzte Frist«.

Mag sein, dass Salomo in einer schlechten geistlichen Verfassung war, als er diese Worte geschrieben hat, aber er hat verstanden, dass Zeit etwas Wertvolles ist und mit Gottes Ziel in Verbindung steht. In Galater 4,4 heißt es: »Doch als der festgesetzte Zeitpunkt da war, sandte Gott seinen Sohn, geboren von einer Frau und dem Gesetz unterstellt.« Die Bibel lehrt uns, dass Gott seinen Sohn Jesus genau zum rechten Zeitpunkt gesandt hat, damit er sein Ziel erreicht.

Bei Gott ist nichts unnötig oder inkonsequent. Zeit ist entscheidend für Ihr Leben. Jeder Tag, den Sie leben, steckt voller Gelegenheiten.

Ich bin mir sicher, dass es Zeiten gegeben hat, in denen Sie gebetet und geglaubt haben, dass Gott sofort ein Wunder bewirkt, vielleicht was Ihre Gesundheit, Ihre Finanzen oder ein bestimmtes Problem angeht. Obwohl Gott in einer Sekunde das tun könnte, was Sie glauben, dass er tun wird, kommen seine Antworten nicht immer sofort. Gott wartet damit nicht, um uns zu frustrieren. Er weiß, dass etwas Entscheidendes geschieht, wenn Zeit vergeht.

Vielleicht haben Sie Zeit in eine Beziehung investiert oder Ihrer Gemeinde Geld gespendet oder finanzielle Mittel in ein Geschäft gesteckt. Sie haben für einen Menschen gebetet und fest geglaubt, dass er gläubig wird oder Heilung findet. Vielleicht fragen Sie sich, wann Ihre Zeit kommt. Viele Menschen wünschen sich, dass ihre Gebete erhört werden, aber sie sind nicht unbedingt bereit, den Dingen auch Zeit zu lassen.

Gott benutzt Zeit, um uns wachsen zu lassen und unsere Belastbarkeit auszubauen. Unterschätzen Sie also niemals den Wert von Zeit. Jeder Augenblick steckt voller Möglichkeiten und besitzt die Macht, Ihr Leben zu verändern. Ziele brauchen Zeit.

> Gott benutzt Zeit, um uns wachsen zu lassen und unsere Belastbarkeit auszubauen. Unterschätzen Sie also niemals den Wert von Zeit.

Zeit bringt Jahreszeiten mit sich

Wir alle haben lange genug gelebt, um zu wissen, dass das Jahr nicht nur aus Sommer (erfüllte Verheißungen, Überfluss und Freude) oder nur aus Winter (Dürre, Herausforderungen und Probleme) besteht. In unserem Leben werden wir unterschiedliche Jahreszeiten durchmachen müssen. Salomo hat gesagt: »Alles hat seine Zeit« (Prediger 3,1). Eine Jahreszeit hat einen Anfang und ein Ende.

Auch 1. Mose 8,22 bezieht sich auf Jahreszeiten. »Solange die Erde besteht, wird es Saat und Ernte geben«. Mit anderen Worten: Es gibt einen Zeitpunkt, zu dem man säen, und einen Zeitpunkt, zu dem man ernten kann. Ein Bauer versteht dieses Prinzip. Er arbeitet und plagt sich, um Samen aufs Feld zu bringen und erwartet, dass die Ernte überreich ausfallen wird. Dasselbe Prinzip können wir auch auf unser Leben anwenden.

In Prediger 3,2-9 heißt es, dass es eine Zeit gibt, um geboren zu werden und eine Zeit, um zu sterben; Pflanzen hat seine Zeit, Ernten hat seine Zeit; Weinen hat seine Zeit, Lachen hat seine Zeit; Trauern hat seine Zeit, Tanzen hat seine Zeit. Gleichgültig, in welcher Zeit Sie sich gerade befinden, Sie dürfen darauf vertrauen, dass sie ein Teil von Gottes übergeordnetem Plan für Ihr Leben ist.

Bobbie und ich mussten einige schwere Winter durchmachen. Wir mussten uns an Gott festklammern und auf ihn vertrauen. Aber irgendwann war der Winter vorbei und wurde durch den Frühling und neue Hoffnung ersetzt. Prediger 7,14 zeigt uns, wie wir am besten mit den Jahreszeiten des Lebens umgehen sollen: »Wenn es dir gut geht: Freu dich daran! Und wenn du von Unglück betroffen bist: Denk daran, dass dieser Tag wie auch jener von Gott gekommen ist, damit der Mensch nicht herausfinden kann, was die Zukunft bringt.«

Wenn Sie einen Durchbruch erleben dürfen – Gottes Versorgung, Gottes Verheißungen – freuen Sie sich darüber. Halten Sie einen Augenblick inne und genießen Sie die Jahreszeit, in der Sie sich gerade befinden und freuen Sie sich daran, was Gott getan hat. Jetzt ist nicht die Zeit, die Beine hochzulegen. Gehen Sie weiter, weil Gott noch mehr für Sie bereithält, was Sie vollbringen dürfen!

Wenn es jedoch Zeiten voller Hindernisse und Probleme gibt, werden Sie nicht verbittert oder desillusioniert – überlegen Sie! Bewerten Sie jedoch die Situation nicht über, machen Sie sie nicht zu einem geistlichen oder intellektuellen Problem. Denken Sie stattdessen darüber nach und erwägen Sie, wozu dieses Problem möglicherweise dienen könnte. Befragen Sie Ihr Herz.

> Harte Zeiten bewirken etwas in unserem Herzen, das Freude und Überfluss nicht vollbringen können – sie zwingen uns auf den Herrn zu vertrauen.

In Prediger 7, 3 heißt es, dass Weinen besser sei als Lachen, weil ein trauriges Gesicht gut für das Herz sei. Wir könnten diese Stelle abtun und sagen, dass Salomo hier in Selbstmitleid geschwelgt hatte, aber ich glaube, dass mehr dahinter steckt. Harte Zeiten bewirken etwas in unserem Herzen, das Freude und Überfluss nicht vollbringen können – sie zwingen uns dazu, auf den Herrn zu vertrauen. Jede Jahreszeit hat ein Ziel.

Zeit vergeht unter dem Himmel

Der 17. Februar 1954 war ein großartiger Tag. An diesem Tag wurde ich in einem Krankenhaus der Heilsarmee geboren. Ich konnte mir weder den Tag meiner Ankunft aussuchen noch kann ich den Zeitpunkt wählen, an dem ich von der Erde in die Ewigkeit kommen werde. Gott hält die Zeit in seinen Händen; jede Sekunde, jede Minute und jede Stunde steht unter seiner höchsten Autorität. In Apostelgeschichte 1,7 heißt es: »Die Zeit dafür bestimmt allein der Vater, [...] es steht euch nicht zu, sie zu kennen.«

Wir können die Zeit als etwas lediglich Vergängliches betrachten, aber die Ewigkeit ist zeitlos. Wenn Ihre Sicht auf die Zeit auch die Ewigkeit umfasst, haben Sie gar keine andere Wahl als jeden Augenblick und jeden Tag als wertvoll zu betrachten. Sie werden beginnen, jede Situation als etwas zu sehen, das eine Bedeutung für die Ewigkeit haben wird, und Sie werden verstehen, wie Gott sie für seinen Plan gebrauchen kann. In diesem Sinne ist die Zeit ewig.

Zeit gehört uns allen

Sie können der Zeit nicht entkommen. Trotz aller Bemühungen, die Zeit durch Schönheitsoperationen oder Kosmetik aufzuhalten, läuft die Zeit für uns alle weiter. Die Zeit lässt uns allen die Wahl, wie wir die Tage nutzen wollen, die uns gegeben wurden. Gott hat uns eine bestimmte Zeit anvertraut. In Prediger 9,11 heißt es:

Noch etwas habe ich in dieser Welt beobachtet:
Nicht immer gewinnt der schnellste Läufer das Rennen,
nicht immer siegt der mutigste Krieger im Kampf.

Die Weisen haben oft nichts zu essen,
die Klugen sind nicht immer reich,
und die Gebildeten sind nicht unbedingt beliebt.
Sie sind alle abhängig von Zeiten und Umständen.

Salomo spricht hier von Gottes Möglichkeiten. Erfolg im Leben zu haben, hängt nicht davon ab, wie schnell, wie stark, wie klug oder sogar wie attraktiv Sie sind. Für uns alle gibt es Zeiten und Gelegenheiten. Was fangen Sie mit den Tagen an, die Ihnen gegeben wurden?

Wir können Entscheidungen treffen, die maßgeblichen Einfluss auf die Früchte und die Erfüllung unserer Zeit haben. Einige Menschen ertränken ihr Leben in Alkohol; andere lassen es zu, dass Unversöhnlichkeit ihr Leben aufzehrt und wieder andere sind ihr Leben lang nur Opfer von widrigen Umständen. Und dann gibt es jene, die sich dafür entscheiden, ihre Lebenszeit als gerettete und berufene Kinder Gottes zu verbringen. Und diese Entscheidung bestimmt, wie wir jeden Tag leben. Die Zeit ist ein Geschenk Gottes.

Den Augenblick nutzen

Stellen Sie sich die Zeit als eine riesige Ansammlung von Augenblicken vor. Denken Sie daran, wie viele Augenblicke eine Stunde, einen Tag, ein Jahr ausmachen – das ist Zeit. Sowohl die scheinbar alltäglichen als auch die wunderbaren Momente bilden das Material, aus dem Ihr Leben gemacht ist.

Wir können Gott in den Augenblicken finden. Es war nur ein einziger Augenblick, der Moment, in dem Jesus seinen letzten Atemzug am Kreuz machte, der ermöglicht hat, dass Sie und ich Zugang zur Gegenwart des Vaters und zur Hoffnung auf Errettung haben.

Manche Menschen lassen zu, dass ihr ganzes Leben von einem Augenblick bestimmt wird. Sie werden von einer falschen Entscheidung oder von einer schlechten Erfahrung gefangen gehalten. Sie sind wie Fische in einem Netz oder Vögel in einem Käfig und können nicht entkommen. Ich kenne Menschen, die wegen eines Augenblicks ihre ganze Zukunft und ihr gesamtes Leben ruiniert haben. Sie werden von dem geplagt, was hätte sein können.

Ein anderer Augenblick, der alles verändern kann, ist derjenige, wenn Menschen Jesus begegnen. Die Probleme des Lebens, die verflossenen Momente und alte Sünden verblassen dank der Vergebung, die wir durch Jesus Christus haben. Von diesem Zeitpunkt an ist jeder Augenblick ein Neubeginn, die Verheißung eines neuen Lebens für Jesus Christus.

Jeder Augenblick ist eine Chance – eine Chance, großzügig zu sein, Mitleid zu zeigen, ein freundliches und ermutigendes Wort zu finden. Verpassen Sie diese Momente nicht; sie ziehen so schnell an uns vorbei.

Die alltäglichen Augenblicke – Familienessen, Zeit mit Ihren Kindern im Park, Stille Zeiten mit Gott – scheinen Ihnen vielleicht unbedeutend zu sein. Aber auf ein ganzes Leben gerechnet werden sie zu etwas Außergewöhnlichem.

Es ist Ihre Entscheidung, welche Augenblicke die Jahre Ihres Lebens prägen werden. Halten Sie Ausschau nach dem Wertvollen jedes Momentes. Unser Leben besteht nicht einfach aus den Dingen, die uns zustoßen. Sondern wir können es zusammen mit Gott gestalten. Oftmals sind jene Menschen, die zur richtigen Zeit am richtigen Ort waren, und jene, die die Möglichkeiten nutzen, die Gott ihnen geschenkt hat, auch diejenigen, die verstehen, dass Zeit ein Geschenk und nicht der Feind ihres Lebens ist.

Ich bete, dass Sie der Zeit und ihren Jahreszeiten mit offenen Armen begegnen. Führen Sie ein Leben, das die Zeit als Freund und nicht als Hindernis für den Willen des Herrn betrachtet.

Der Apostel Paulus hat unser Leben mit einem Wettlauf verglichen. Manchmal führen Umstände und Hindernisse dazu, dass wir uns lieber an die Seitenlinie zurückziehen und das Rennen nicht zu Ende laufen möchten. Stellen Sie sich stattdessen Gott vor, der neben der Bahn Ihres Lebens steht und Ihnen zuruft: »Lauf weiter! Du kannst nur noch nicht sehen, was hinter der nächsten Kurve auf dich wartet! Aber ich kann es – und es ist gut!«

Geben Sie nicht auf! Für den Auftrag des Vaters mit einem Ziel zu leben wird Ausdauer, Hingabebereitschaft und Opfer von Ihnen verlangt. Und es wird Zeit brauchen. Ich möchte Sie ermutigen, mit voller Kraft dem entgegenzulaufen, was Gott für Sie bereithält. Machen Sie es sich nicht an der Seitenlinie bequem.

Kapitel 11

Wohlstand mit einem Ziel

Sprache befindet sich in einem ständigen Wandel. Die Bedeutung vieler Wörter hat sich über die Jahre gewaltig verändert. Hatte noch zu Luthers Zeiten das Wort »witzig« die Bedeutung »klug« und »geistreich«, so benutzen wir es heute als »spaßig« oder auch »seltsam«.

Auch das Wort *Wohlstand* unterlag einer Bedeutungswandlung und wird oft so verwendet, dass nur der materielle und finanzielle Wohlstand gemeint ist. Aber jeder, der das Wort Gottes liest, weiß, dass *Wohlstand* in der Bibel weitaus mehr umfasst als nur Geld und Reichtum.

Das griechische Wort für »Wohlstand besitzen« oder »es sich gut gehen lassen« heißt euodo, was auch die Bedeutung »eine lange Reise gewähren, ein leichter Weg; erfolgreich sein« hat. Eines der hebräischen Worte für Wohlstand besitzen ist tsalach und wird ebenfalls als »Fortschritte machen, übertreffen, erfolgreich oder profitabel sein; Wohlstand zeigen oder haben« übersetzt. Das Substantiv »Wohlstand« im Hebräischen ist schalvah, was »Ruhe und Behaglichkeit« heißt und mit den Wörtern für »Frieden« und »Überfluss« verwandt ist.

Eine weitere Definition für »Wohlstand« ist »Hilfe für die Reise«. Diese Bedeutung beschreibt ein Bild, das ich besonders gerne mag. Jeder einzelne befindet sich in seinem Leben auf einer Reise, und Wohlstand ist unser Proviant für den langen Fußmarsch. Es ist, als hätte Gott belegte Brote und eine Thermoskanne voll Kaffee für unsere Reise eingepackt, deren Ziel die Ewigkeit ist!

In den Versen 2 und 3 des dritten Briefes des Apostels Johannes, sendet er seinem alten Freund Gajus Grüße und sagt: »Lieber Freund, ich bete, dass es dir in jeder Hinsicht gut geht und dass dein Körper so gesund ist, wie ich es von deiner Seele weiß.«

Johannes betete, dass es Gajus »in allen Dingen gut gehen würde«, seine Gesundheit eingeschlossen, und dass er geistlichen Wohlstand erfahren würde. Der Herr betet dasselbe Gebet für Sie. Er möchte, dass es in Ihrem Leben auf allen Gebieten vorwärtsgeht. Wie ich bereits viele Male in diesem Buch gesagt habe, hat unser Wohlstand ein bestimmtes Ziel, hängt aber auch von einigen Dingen ab. Lassen Sie mich dies mit dem Gleichnis erklären, das Jesus in Matthäus 25,14-30 erzählt hat.

Dieses Gleichnis beschreibt das Königreich Gottes wie einen Mann, der in ein weit entferntes Land reiste. Bevor er wegging, rief er seine Diener zusammen und stellte sicher, dass sie während seiner Abwesenheit zu Hause nach dem Rechten sehen würden. Einem der Diener gab er fünf Beutel mit Gold, dem anderen zwei Beutel und dem dritten gab er einen Beutel. Dann machte sich der Mann auf die Reise.

Der Diener, dem er fünf Beutel mit Gold gegeben hatte, legte unternehmerisches Geschick an den Tag und arbeitete hart, sodass er schließlich das Doppelte von dem verdient hatte, was sein Herr ihm anvertraut hatte. Auch der zweite Diener nutzte das, was er bekommen hatte, und machte aus seinen zwei Beuteln vier. Aber der dritte Diener hatte Angst, dass er den einen Beutel mit Gold verlieren würde, den sein Herr ihm anvertraut hatte, grub ein Loch und versteckte ihn darin.

Man muss nicht extra betonen, dass der Herr bei seiner Rückkehr die beiden Diener gelobt hatte, die ihr Gold vermehrt haben. Und es ist nicht überraschend, dass der dritte Diener von seinem Herrn getadelt wurde. Er verlangte den einen Beutel von ihm zurück und gab ihm dem Diener, der die zehn Beutel mit Gold besaß. Der Herr sagte: »Wer das, was ihm anvertraut ist, gut verwendet, dem wird noch mehr gegeben, und er wird im Überfluss haben« (Vers 29).

Die beiden Diener hatten das genommen, was ihnen gegeben wurde, und hatten damit Erfolg. Sie nutzten das, was sie in ihren Händen hielten, weil sie verstanden hatten, dass ihr Wohlstand ein bestimmtes Ziel verfolgte. Auch heute noch hat unser Wohlstand ein Ziel, aber er hängt davon ab, wie gut Sie das nutzen, was Gott

Ihnen gegeben hat. Er schenkt Gaben, Fähigkeiten, Segen und die Möglichkeit für Wohlstand in allen Bereichen Ihres Lebens. Vergraben Sie nicht diese gottgegebenen Geschenke.

Aus der Reaktion des ungehorsamen Dieners können wir einige wichtige Lektionen lernen.

Gott wird uns niemals etwas zumuten, wofür er uns nicht die Kraft und die Gaben geschenkt hat

Einem gab er fünf Beutel Gold, einem anderen gab er zwei Beutel und dem dritten gab er einen Beutel – jeweils ihren Fähigkeiten entsprechend.

Matthäus 25,15

Mit anderen Worten: Der Diener, der nur einen Beutel Gold bekommen hatte, sollte nicht dasselbe zurückgeben wie die anderen Diener, er sollte lediglich entsprechend seiner Fähigkeiten handeln. Dasselbe gilt für Sie. Gott bittet Sie, entsprechend Ihrer Möglichkeiten zu handeln. Natürlich hat er oftmals einen anderen Blickwinkel auf Ihre Fähigkeiten als Sie selbst, aber vergessen Sie nicht, dass er Sie dazu befähigen wird, es zu schaffen, selbst wenn Sie an Ihre Grenzen kommen.

> Er nimmt Ihre *natürlichen* Fähigkeiten und fügt seinen *himmlischen* Segen dazu und das Ergebnis ist *übernatürlich*.

Zu den Gaben und Fähigkeiten, mit denen er Sie bereits ausgestattet hat, gibt Gott Ihnen noch seine Fülle hinzu. Er nimmt Ihre *natürlichen* Fähigkeiten und fügt seinen *himmlischen* Segen dazu und das Ergebnis ist *übernatürlich*.

Sie vergraben das, was nicht Ihnen gehört

Der Dritte jedoch, der den einen Beutel Gold bekommen
hatte, grub einfach ein Loch in die Erde und versteckte
das Geld seines Herrn.

Matthäus 25,18

Der Diener, der seinen Beutel mit Gold vergraben hat, versteckte
etwas, was ihm gar nicht gehörte. Es wäre dasselbe, wenn Sie die
Autoschlüssel einer anderen Person nähmen, sich deren Auto aus-
leihen würden, ein großes Loch ausheben und es darin vergraben
würden! Der Diener war nur Verwalter dieses Goldes und er war
dazu aufgerufen zu jeder Zeit, darüber Rechenschaft abzulegen.

Wenn Sie Ihr Potenzial vergraben, verbergen Sie etwas, was gar
nicht Ihnen gehört. Die Bibel sagt über Ihre Gaben: »Alles, was gut
und vollkommen ist, wird uns von oben geschenkt, von Gott, der
alle Lichter des Himmels erschuf. Anders als sie ändert er sich nicht,
noch wechselt er zwischen Licht und Finsternis« (Jakobus 1,17).

Wenn Sie glauben, Sie hätten sich alles selbst angeeignet, denken Sie noch einmal darüber nach. Legen Sie dieses Buch für einen
Augenblick beiseite und atmen Sie tief ein. Dann versuchen Sie, in
dieser Haltung das Buch zu Ende zu lesen. Es ist unmöglich, Ihren
Atem so lange anzuhalten, nicht wahr? Selbst die Luft, die Sie ein-
atmen, ist ein Geschenk Gottes.

Wir dienen einem Gott, der sich niemals verändert. Er schenkt
Ihnen Gaben und beruft Sie dazu, als guter Verwalter über sie zu
wachen und sie klug einzusetzen.

Es geht nicht darum, was Sie nicht besitzen, sondern wem Sie nicht helfen

Wer das, was ihm anvertraut ist, gut verwendet, dem wird noch mehr gegeben, und er wird im Überfluss haben. Wer aber untreu ist, dem wird noch das wenige, das er besitzt, genommen.

Matthäus 25,29

Beim Wohlstand geht es nicht nur um Sie, es geht nicht um Geldgier und Selbstsucht. Einige Menschen sind vielleicht der Ansicht, sehr fromm zu sein, wenn sie sagen, sie hielten nichts von Wohlstand oder Überfluss. Meiner Meinung nach ist jedoch das Gegenteil der Fall. Der Mensch ist selbstsüchtig, der Gottes Segen nur für sich behält oder das verbirgt, was ihm gegeben wurde.

Gottes Plan für diesen Planeten ist atemberaubend und sein Wunsch ist es, dass jeder einzelne von uns sein Potenzial ausschöpft und seine Rolle wahrnimmt. Wenn Sie unter Ihren Möglichkeiten leben, können Sie nicht all das tun, wozu Gott Sie berufen hat.

Sie stehen in einer Partnerschaft mit Jesus Christus, um das Evangelium zu allen Enden der Erde zu tragen. Deshalb ist es wichtig, Ihren Teil der Abmachung einzuhalten und all das einzusetzen, was er Ihnen geschenkt hat. Gott wird dann dafür sorgen, dass Sie genug haben, um alles zu erreichen, was Sie erreichen sollen.

Es ist böse, nur für sich selbst zu leben, und faul, wenn Sie sich nicht nach Größerem ausstrecken wollen

Aber der Herr erwiderte: »Du böser, fauler Diener!«

Matthäus 25,26

Es gibt zwei Worte, die ich von meinem Vater im Himmel nicht hören möchte, wenn ich vor seinem Thron stehe – *böse* und *faul*! Der Diener wurde mit diesen Worten beschrieben, weil er nichts aus den Möglichkeiten machte, die er bekommen hatte.

Vielleicht haben Sie gute Gründe und Entschuldigungen für Ihre Untätigkeit. Vielleicht haben Sie sogar Angst, aber die Wahrheit ist, dass Gottes Lebensatem in Ihnen ist. Er hat Sie mit großem Potenzial ausgestattet und er hat Ihnen die Möglichkeit geschenkt, etwas zu vollbringen, das über Sie hinausreicht.

Vergessen Sie nicht, dass es in 2. Timotheus 1,9 heißt, wir seien erlöst und berufen. Sie haben die Möglichkeit erhalten, als geretteter Mensch zu leben, und deshalb auch die Chance, als berufener Mensch zu leben. Handeln Sie nicht nur als jemand, der gerettet ist! Gott hat Ihnen seine Gunst erwiesen und Sie gesegnet, um den Auftrag zu erfüllen, der über Ihrem Leben steht. Beschließen Sie, jeden Tag Ihres Lebens als Gelegenheit zu betrachten, um zu wachsen, auszubauen, zu vermehren und einen positiven Unterschied in dieser Welt zu bewirken.

Habgier oder Schuld?

Was denken Sie über Wohlstand? Einige Menschen denken, Wohlstand würde Schuld mit sich bringen, vermutlich liegt das an ihrer Erziehung oder ihrer religiösen Einstellung. Und dann gibt es Menschen, für die sich Wohlstand nur um »sie selbst« dreht. Wenn Wohlstand jedoch im Zusammenhang mit Gottes Auftrag steht, dann sind sowohl Schuld als auch Habgier gebannt.

Ich höre immer mal wieder, dass Leute von einem »Wohlstandsevangelium« sprechen. So etwas gibt es nicht. Es gibt nur ein Evangelium – das Evangelium von Jesus Christus. Es enthält Verheißungen, die aus einem Opfer heraus geboren wurden und die sich auf jeden Bereich des Lebens anwenden lassen. Ich glaube fest, dass Gott das Leben der Menschen voranbringen und in jeder Hinsicht bereichern möchte, aber für ein größeres Ziel als nur die Erfüllung unserer eigenen Wünsche. 5. Mose 8,18 erinnert uns daran:

»Erinnert euch vielmehr daran, dass es der Herr, euer Gott, ist, der euch die Kraft gibt, Reichtum zu erwerben. Denn er erfüllt den Bund, den er mit euren Vorfahren schloss und der jetzt noch gilt.«

Durch Jesus leben wir in einem neuen Bund, aber einige biblische Prinzipien lassen sich nicht nur zum alten oder zum neuen Bund zuordnen; es handelt sich um ewige Prinzipien. Ein Christ schöpft aus den Quellen Gottes und sie dienen – was noch wichtiger ist – seinen Zielen.

Die Bibel sagt, dass materieller Wohlstand zu Habgier wird, wenn wir unser Herz daran hängen. In 1. Timotheus 6,10 heißt es: »Denn die Liebe zum Geld ist die Wurzel aller möglichen Übel; so sind manche Menschen aus Geldgier vom Glauben abgewichen und haben sich selbst viele Schmerzen zugefügt.«

Wohlstand an sich ist nur von geringer Bedeutung, wenn er nicht an ein bestimmtes Ziel gebunden ist. Ich glaube, dass Wohlstand verletzliche Stellen offenlegt und Schwächen sichtbar macht. Er offenbart das Herz und den Charakter eines Menschen. Geld wird zu einem Götzen, wenn es zur Ego-Stärkung ausgegeben wird. Aber in den Händen eines Menschen, der das Ziel Gottes erkannt hat, wird es zu einem nützlichen Helfer.

Wenn Sie sich selbst als Werkzeug der Großzügigkeit betrachten und dem Auftrag des Himmels hingegeben sind, ist das der richtige Ausgangspunkt, um wertvolles Wachstum zu erleben.

Die Segnungen in Ihrem Leben – sei es nun Ihre Gesundheit, Ihre Familie, Ihre Beziehung zu Gott, Ihr Studium oder Ihre Finanzen – werden Sie für Ihr Ziel zurüsten. Ich bete, dass Sie zu einem Menschen werden wollen, dem Gott Möglichkeiten zum Erfolg anvertrauen kann, weil er weiß, dass Sie kein Loch graben werden, um das zu verbergen, was er Ihnen gegeben hat. Sondern Sie entschlossen und voller Hingabe daran arbeiten, das Ihnen anvertraute Gut für seinen Auftrag und sein Ziel zu vergrößern.

Teil Fünf

Der Auftrag und sein Preis

Kapitel 12

Ein hingegebenes Herz

Während eines Besuchs in Sri Lanka konnte ich beobachten, wie sich eine Hindu-Prozession durch die Gassen schlängelte. Alles war erfüllt von Musik, Gesang und vielen bunten Farben. Es erstaunte mich aber, zu sehen, wie sich die Menschen für ihre Religion geißelten. Einige Gläubige hatten sich Spieße durch verschiedene Körperteile gebohrt. Eine besonders grausige Szene ist mir heute noch gut in Erinnerung: Ein Mann hatte sich eine Art Schlachterhaken durch sein Fleisch gebohrt und an einem Holzrahmen aufgehängt, der auf einem Karren gezogen wurde.

Es ist offensichtlich, dass ein Leben voll Selbstmarter und Schlachterhaken nichts ausrichten kann, aber dennoch gilt es, die Bedeutung von Opfern nicht zu unterschätzen.

Ein Gott hingegebenes Herz erkennt, dass es die persönlichen Wünsche überwinden und das eigene Selbst dem Willen Gottes unterwerfen muss.

Der Apostel Paulus verstand besser als die meisten Menschen, wie ein hingegebenes Leben aussieht. Er hat uns gelehrt, unseren Leib als ein lebendiges und heiliges Opfer hinzugeben, an dem Gott Freude hat (Römer 12,1). »Weil ihr Gottes Barmherzigkeit erfahren habt, fordere ich euch auf, liebe Brüder und Schwestern, mit eurem ganzen Leben für Gott da zu sein. Seid ein lebendiges Opfer, das Gott dargebracht wird und ihm gefällt.« Mit anderen Worten: Wir sollen das Alltägliche, jeden Aspekt unseres Lebens, Gott hingeben. Er möchte nicht nur unsere Sonntage, sondern er will unseren Alltag!

Zu Beginn unseres Lebens werden wir alle durch unser *Selbst* regiert. Jeder, der eigene Kinder hat, weiß, dass es sich so verhält. Das größte Verlangen eines Babys ist Essen, Schlafen und Windeln wechseln! Ich kann mich noch gut an einige Autofahrten erinnern, als eines unserer Kinder aus vollem Halse ohne Rücksicht auf andere Familienmitglieder das ganze Auto auf dem Weg in den Urlaub oder zu einer Familienfeier zusammenbrüllte. Er oder sie war aus dem einen oder anderen Grund unglücklich oder unzufrieden und wollte sichergehen, dass jeder in der Familie davon wusste.

Solch ein Verhalten kann sich auch bei erwachsenen Menschen zeigen. Mag sein, dass wir nicht gleich einen Wutanfall bekommen, wenn der Einkaufswagen einer anderen Person den Gang im Supermarkt blockiert, aber Selbstsucht kann sich auch auf andere Weisen zeigen. Der größte Feind für den Auftrag Jesu Christi ist vermutlich unser eigenes Selbst. Die Bibel verurteilt Selbstsucht: »Denn wo Eifersucht und *selbstsüchtiger Ehrgeiz* herrschen, führt das in die Zerstörung und bewirkt alle möglichen schlechten Taten« (Jakobus 3,16; Hervorhebung durch den Autor). Wir alle müssen die Begrenzungen überwinden, die uns unser Selbst verursacht …

Auf welcher Seite Ihres Selbst stehen Sie?

Ich habe einmal von einer Popsängerin gehört, die mit sehr viel Gepäck und einem großen Team einen Linienflug gebucht hatte. Als sie entdeckte, dass die Sitze in der ersten Klasse nicht aus echtem Leder waren, verlangten sie und ihr Team, wieder auszusteigen. All die übrigen Passagiere mussten auf der Rollbahn warten, während das Gepäck aus dem Frachtraum geholt wurde. Unser *Selbst* kann außer Kontrolle geraten. Das gilt nicht nur für Hollywood-Stars, sondern auch für Menschen wie Sie und ich. Unser *Selbst* hält jenen Teil von uns besetzt, in dem Christus leben möchte. Der Apostel Paulus sagte:

> Ich lebe, aber nicht mehr ich selbst, sondern Christus lebt in mir. Ich lebe also mein Leben in diesem irdischen Körper im Glauben an den Sohn Gottes, der mich geliebt und sich selbst für mich geopfert hat.

Galater 2,20

Denken Sie einmal darüber nach. Jesus hatte Paulus ein neues Leben geschenkt, aber Paulus hat sein *Selbst* sterben lassen. Ich hoffe, Sie können den Unterschied erkennen.

Sie haben großes Potenzial, aber Ihr *Selbst* ist zerstörerisch. *Sie* entfalten sich in der Gegenwart Gottes, aber Ihr *Selbst* entfaltet sich, wenn Gott nicht da ist. *Sie* besitzen grenzenlose Möglichkeiten, aber Ihr *Selbst* bringt nur Begrenzungen mit sich. *Sie* sind human, aber Ihr *Selbst* ist humanistisch. Die Ziele Ihres *Selbst* sind den Zielen von Jesus Christus vollkommen entgegengesetzt.

Wenn wir über das Selbst sprechen, beziehen wir uns auf das Fleisch oder das Ego. Und wiederum sagte Paulus: »Denn die Menschen werden nur sich selbst [...] lieben« (2. Timotheus 3,2). Dann vergleicht er diese Einstellung mit der Liebe zum Geld, mit Stolz, Arroganz, Undankbarkeit, Unversöhnlichkeit und so weiter. Kein sehr schmeichelhaftes Bild. Und dennoch redet die Bibel äußerst positiv über Sie und Ihr Potenzial. Welche Dinge sind es bei Ihnen, die Ihrem Selbst gestatten, auf Kosten von Gottes wunderbaren Plänen für Sie die Überhand zu gewinnen?

> Die Ziele Ihres Selbst sind den Zielen von Jesus Christus vollkommen entgegengesetzt.

Ihr Selbst wird versuchen, Sie zu entfremden

Joyce Meyer hat diese Botschaft gepredigt, als sie ihren Dienst begann. Sie versuchte zu dieser Zeit, sich den anderen Ehefrauen der Pastoren anzupassen, die sich alle auf eine bestimmte Art zu kleiden schienen, dieselbe Frisur trugen und interessanterweise alle wahnsinnig gerne Kuchen backten. Nach einiger Zeit stellte Joyce fest, dass Gott sie nicht dazu berufen hatte, der Klon irgendeines Menschen zu werden. Er wollte einfach, dass sie die Frau ist, als die er sie geschaffen hat. Als sie sich immer mehr damit anfreundete, wer sie eigentlich war, fing sie an, einen tiefen Frieden zu erleben und ihre Geschichte half unzähligen Menschen auf der ganzen Welt.

Auch wir können in diese Falle tappen. Manchmal verwechseln wir, was Gott geschaffen hat (nämlich *Sie*), mit dem, was Gott entgegensteht (*das Selbst*).

Etwas muss sterben, aber das sind nicht *Sie*.

Vergessen Sie nicht: Gott hat Sie genau so geschaffen, wie Sie sind. Sie sind »herrlich und ausgezeichnet gemacht« (Psalm 139,14). Was verschwinden muss, sind Selbstsucht, Selbsthass, Selbstgenugtuung, Egoismus, Eigennutz und Selbstverliebtheit. Sehen Sie den Unterschied?

Gott möchte in der Tat, dass Sie leben und Erfolg haben. Er hat Sie gerettet und schenkt Ihnen eine Zukunft und eine Hoffnung. Gott hat große Ziele für Sie, weil Sie eine wichtige Rolle in seinem einzigartigen Plan für diesen Planeten spielen.

Ihr Selbst wird Sie verkümmern lassen

Als ich anfing zu predigen, war ich noch sehr unsicher. Ich habe zu schnell gesprochen. Ich habe oft geblinzelt und wusste nie, was ich mit meinen Händen anfangen sollte. Es war mir peinlich, unangenehm und ich fühlte mich definitiv am falschen Platz. Außerdem fragte ich mich ständig, was wohl die anderen gerade dachten. Ich beschränkte mein ganzes Selbstbewusstsein nur auf meine Person, obwohl das Herrschaftsgebiet Gottes doch so viel größer ist. Unsicherheit ist immer ein Zeichen davon, dass Sie sich Ihres *Selbst* zu sehr bewusst sind. Wenn ich meinem Unbehagen gestattet hätte, mich gefangen zu halten, hätte ich vielleicht aufgegeben und Sie würden heute nicht dieses Buch lesen. Heute reise ich dank Gottes Gnade regelmäßig um die ganze Welt und spreche vor zehntausenden Menschen. Das wäre nicht möglich, wenn mich meine Unsicherheit immer noch gefangen halten würde.

Ihr *Selbst* liebt es, Sie klein und reserviert zu halten, aber Gott möchte, dass Sie über sich hinauswachsen und neues Gebiet erobern. Christus öffnet Ihre Augen für eine weitaus größere Welt und lenkt Ihren Blick über Sie selbst hinaus. Wenn Sie die Welt nur durch die Augen Ihres *Selbst* betrachten, ist Ihre Sichtweise beschränkt und auch verkehrt. Beginnen Sie, sich selbst zu sehen, wie Gott Sie sieht.

Das Selbst setzt Ihnen Grenzen

Ein talentierter Musiker kann behaupten, er hätte sich alles selbst beigebracht. Das ist sicherlich bewundernswert, aber irgendwann wird sein *Selbst* sein Talent einschränken. Könnte es nicht sein, dass dieser Musiker durch Gesangsunterricht oder durch einen anderen Musiker, dem er gestattet ihn zu fordern und neue Fertigkeiten zu lehren, ihm auch neue Horizonte eröffnet?

Die natürliche Begabung eines guten Athleten wird ihn nicht sehr weit bringen. Die Sportler, die wirklich in der Weltklasse agieren, haben meist ein Team von Experten um sich geschart, haben Menschen in ihrer Nähe, die ihnen helfen, ihre Grenzen zu überwinden und vorher unerreichbare Leistungen zu zeigen.

Gleichgültig, wie talentiert ein Mensch auch ist, das *Selbst* wird ihn nur zu den eigenen Grenzen führen. Gottes Plan jedoch ist, Sie darüber hinauszubringen. Und deshalb beschränkt eine Person voller Selbstbewusstsein, selbst erlernten Fähigkeiten und selbst erreichten Erfolgen nur das eigene Potenzial.

In Gottes Wort heißt es, dass nur ein Narr sich seiner selbst sicher ist (Sprüche 14,16). Das heißt jedoch nicht, dass wir nicht voller Vertrauen sein dürfen. Der Hebräerbrief lehrt uns, dass Vertrauen großen Segen ernten wird. Der einengende Faktor ist das *Selbst*. Ihr Vertrauen ist aber in Ihrem Glauben an Gott begründet.

Das Selbst handelt im Verborgenen

Das *Selbst* kann im Verborgenen handeln. Es kann Ihre Einstellungen, Ihren Glauben, Ihre Demut und Ihr Mitleid beeinflussen. Wenn dies geschieht, treibt uns das *Selbst* dazu, andere ungerecht zu behandeln, Bibelverse zu benutzen, um andere Menschen gefangen zu halten oder aus falscher Demut und Stolz heraus zu handeln.

In Matthäus 23,12 heißt es: »Diejenigen jedoch, die sich über die anderen stellen, werden gedemütigt werden, und die, die demütig sind, werden erhöht.« Was möchte uns Jesus durch diese Verse sagen? Wenn das Selbst in den religiösen Bereich hineinkommt, wird dieser Glaube zu etwas Negativem und bringt andere zu Fall. Der Geist Jesu aber möchte, dass Menschen aufgebaut werden.

Ich habe einmal ein Buch mit dem Titel *You need more money*[3] geschrieben, aber einige Menschen haben mit dem Titel sofort das *Selbst* in Verbindung gebracht und konnten nicht darüber hinwegsehen. In dem Buch geht es hauptsächlich darum, über sich selbst hinauszusehen und etwas Positives in dieser Welt zu bewirken. Es geht darum, nicht nur für sich selbst zu sorgen, sondern genug zu haben, damit man auch für andere sorgen kann.

Diejenigen, die den Titel falsch verstanden und geglaubt haben, dass ihr *Selbst* mehr Geld bräuchte, verfehlten vollkommen das Thema dieses Buches. Wenn Sie nichts besitzen, können Sie auch nichts ausrichten. Wenn Sie ein bisschen besitzen, können Sie auch ein bisschen helfen. Und wenn Sie mit Überfluss gesegnet sind, können Sie sehr viel bewirken.

Das Selbst wird Sie in Besitz nehmen

Das *Selbst* ist sehr besitzergreifend. Es kleidet sich in Fehler und Niederlagen aus Ihrer Vergangenheit und kann diese nicht überwinden. Auch wenn Sie sich selbst vergeben, wird das nicht helfen. Ich schlage vor, Sie lassen Ihr *Selbst* sterben, und die Gefühle der Schuld und der Verurteilungen werden mit ihm sterben. Wenn Sie dann zulassen, dass Christus den Platz einnimmt, den das *Selbst* vorher innehatte, werden Sie neues Leben finden. Dann lebt nicht mehr länger das *Selbst*, sondern Christus, der in Ihnen wohnt.

> Motivationstrainer ermutigen zu *Selbst*-Gesprächen, aber der beste Weg, mit dem *Selbst* umzugehen, ist: seine bloße Existenzberechtigung zu hinterfragen.

Motivationstrainer ermutigen zu *Selbst*-Gesprächen, aber der beste Weg, mit dem *Selbst* umzugehen, ist: seine bloße Existenzberechtigung zu hinterfragen. Sie müssen sich selbst immer wieder vor

---

[3] Brian Houston: You need more money. Publisher: STL, 2000. Dt. Übersetzung: »Sie brauchen mehr Geld.«

Augen halten, was in Gottes Wort steht. Glauben Sie nicht an sich selbst, glauben Sie an Jesus Christus. Sie müssen sich nicht selbst rechtfertigen, Sie sind durch den Glauben gerechtfertigt. Sie brauchen keine Selbstkontrolle, der Heilige Geist leitet Sie.

Das *Selbst* wird Ihr Leben immer mit Blick auf sich selbst beherrschen und in Besitz nehmen. Aber der Auftrag Jesu Christi lässt uns unsere Selbstzentriertheit überwinden und öffnet den Möglichkeiten des Himmels die Tür.

Kapitel 13

Mit Überzeugungen leben

Wenn Sie bereits an den ersten Worten der Bibel zweifeln, »Am Anfang schuf Gott den Himmel und die Erde« (1. Mose 1,1), wie können Sie dann alle anderen von Gottes Verheißungen und den Segen, den er in Ihr Leben bringen will, mit offenem Herzen empfangen? Jesus Christus zu folgen, heißt, im Glauben und aus Überzeugung heraus zu leben.

Ich bin fest überzeugt, wenn wir die Grundfeste infrage stellen, auf denen unser Glauben erbaut ist – das Wort Gottes, das Kreuz, die Botschaft von Jesus Christus –, dass wir dann dem törichten Mann ähneln, von dem Jesus in Matthäus 7,26.27 berichtet:

> Doch wer auf mich hört und nicht danach handelt, ist ein Dummkopf; er ist wie ein Mann, der ein Haus auf Sand baut. Wenn der Regen und das Hochwasser kommen und die Stürme an diesem Haus rütteln, wird es mit Getöse einstürzen.

Einige Menschen scheinen nicht zu wissen, was sie in ihrem Leben eigentlich glauben. Sie sind keiner Sache wirklich hingegeben, außer vielleicht der Tatsache, dass sie sich auf nichts festlegen wollen.

Meinungsumfragen in der Zeit vor einer Wahl oder einer wichtigen Abstimmung sind eine faszinierende Übung, wenn es darum geht, das menschliche Verhalten zu beobachten. Diese Umfragen sollen die Richtung angeben, in die die Wähler tendieren, um vorhersagen zu können, wie die Wahl ausgehen wird. Meistens gibt es eine Reihe von Stammwählern, die unerschütterlich auf einer Seite stehen. Aber oftmals richtet sich die Aufmerksamkeit auf diejenigen, die sich noch nicht endgültig entschieden haben. Wenn die Wahlkampfreden schärfer werden, versuchen die Kandidaten vor allem diese Gruppe zu beeinflussen und für ihre Ziele zu gewinnen. Diese Leute, die nicht sicher wissen, auf welcher Seite der verschiedenen politischen Standpunkte sie stehen, sind eine unentschiedene und unsichere Variable.

Wo stehen Sie? Ihre Überzeugungen sind der Glauben und die Meinungen, aus denen Ihr Fundament besteht und die bestimmen, wie Ihr Leben verläuft. In Josua 24,15 heißt es: »Ich und meine Familie werden jedenfalls dem Herrn dienen.« Das ist eine Aussage voller Überzeugung. Haben Sie diese Überzeugung, wenn es um die Berufung und die Prioritäten in Ihrem Leben geht?

Als Jesus am Kreuz hing und sein Leben für die Menschheit hingegeben hat, hat er sein Recht auf eine eigene Entscheidung aufgegeben. Er sagte: »Doch ich will deinen Willen tun, nicht meinen« (Lukas 22,42). Und dann starb er für seinen Auftrag. Das Kreuz bedeutet nun, dass jeder Mensch eine Entscheidung treffen muss, ob er Jesus annimmt oder ihn ablehnt.

Jesus Leben war voller Macht und Kraft und dem Auftrag seines Vaters hingegeben – trotz der Ablehnung, des Verrats und der Verfolgung ist er niemals von seinem Ziel abgewichen. Es war sein Auftrag, der seinem Dienst die Vollmacht verliehen hat und ihm ermöglichte, aus absoluter Überzeugung zu verkünden:

Der Geist des Herrn ruht auf mir,
denn er hat mich gesalbt,
um den Armen die gute Botschaft zu verkünden.
Er hat mich gesandt,
Gefangenen zu verkünden, dass sie freigelassen werden,
Blinden, dass sie sehen werden,
Unterdrückten, dass sie befreit werden
und dass die Zeit der Gnade des Herrn gekommen ist.

Lukas 4,18-19

Ein Leben für den Auftrag Jesu zu führen heißt, sich für ein Leben in all seiner Fülle zu entscheiden und jeden Tag nach diesem Ziel zu streben. Wofür stehen Sie also?

Ich weiß, ich glaube, ich bin überzeugt, ich bin hingegeben

Der Apostel Paulus war ein Mensch mit starken Überzeugungen. Er sagte: »Aber ich schäme mich deswegen nicht, weil ich ja weiß, auf wen ich mein Vertrauen gesetzt habe, und weil ich sicher bin, dass er bis zum Tag seines Kommens bewahren kann, was mir anvertraut wurde« (2. Timotheus 1,12). Können Sie dasselbe von sich sagen?

Paulus' Glaube an Jesus Christus hat das Muster und die Richtung seines Lebens bestimmt. Dasselbe gilt für Sie und mich – was wir wissen, woran wir glauben, wovon wir überzeugt sind und wofür wir uns hingeben, wird das Ergebnis unseres Lebens bestimmen.

Wenn Sie an Jesus Christus glauben, haben Sie sich dafür entschieden, auf der Seite von Gottes Verheißungen zu stehen. Sie geben Ihr Leben hin, um für ihn zu leben, und Ihre starken Überzeugungen werden zu einem starken Leben führen – ein Leben, das vorwärts geht.

Das bedeutet nicht, dass Ihre Überzeugungen manchmal auf die Probe gestellt werden, vielleicht an Ihrem Arbeitsplatz an der Kaffeemaschine oder bei einem Treffen mit Freunden, die infrage stellen, warum und was Sie glauben oder wie Sie handeln. Aber vergessen Sie nicht, dass jede Anfechtung auch eine Chance ist.

Gottes Wort versorgt uns mit Beispielen, wie wir leben können. Gott möchte, dass wir ein Leben führen, das geradlinig ist und sich nicht leicht vom rechten Weg abbringen lässt. Ein Leben, das in der Beziehung mit Jesus Christus und unserer Hingabe an seinen Auftrag fest verankert ist.

Leben Sie aus Überzeugung oder nur mit Blick auf sichtbare Folgen?

Seit ich ein kleiner Junge war, wusste ich tief in meinem Inneren, dass ich für etwas geboren war, das über mich selbst hinausreicht. Bereits in jungen Jahren entwickelte ich starke Überzeugungen. Diese Überzeugungen sind im Laufe der Zeit auf die Probe gestellt worden, aber durch die Gnade Gottes folgt mein Leben immer noch demselben Auftrag Jesu. Auch Ihre Überzeugungen müssen manchmal Anfechtungen durchstehen.

Die Überzeugungen haben mein Denken beeinflusst und meine Entscheidungen gelenkt, eingeschlossen der Entschcidung, zur Bibelschule zu gehen und die wunderbare Frau zu heiraten, die zu treffen ich das Glück hatte! Bobbie ist nicht nur meine Ehefrau (obwohl sie darin unübertrefflich ist), sondern wir wissen beide, dass Gott uns für seine Ziele und Pläne zusammengebracht hat. Mehr als dreißig Jahre lang haben wir dem Wort Gottes gedient und unser Leben und unsere Familie ihm hingegeben. Unsere Überzeugungen haben unser Leben in einer Art und Weise geformt, dass wir durch Gottes Gnade nun schon eine lange und glückliche Ehe führen.

Leider hat ein Mangel an guten Überzeugungen den gegenteiligen Effekt.

Ohne feste Überzeugungen werden Sie vermutlich falsche Entscheidungen mit unangenehmen Folgen treffen. Das ist der Unterschied zwischen einem Leben aus Überzeugungen und einem Leben nur mit Blick auf die sichtbaren Folgen. Bei Letzterem geht es darum, was die jeweilige Person für richtig hält, und nicht, was in Gottes Augen richtig ist. Der Unterschied liegt letztendlich darin, was tatsächlich richtig *ist* und was richtig zu sein *scheint*.

> Ohne feste Überzeugungen werden Sie vermutlich falsche Entscheidungen mit unangenehmen Folgen treffen. Das ist der Unterschied zwischen einem Leben aus Überzeugungen und einem Leben nur mit Blick auf die sichtbaren Folgen.

Die Bibel sagt: »Viele Menschen behaupten, sie seien zuverlässig, aber wo findet man einen Menschen, der wirklich treu ist?« (Sprüche 20,6). In einem anderen Vers heißt es: »Der Mensch hält einen Weg für richtig, und dennoch führt er in den Tod« (Sprüche 16,25). Ich glaube, der Herr möchte uns an dieser Stelle etwas deutlich machen. Der Vater sucht nach Menschen, die voller Überzeugung und Treue sind, die für ihn und nicht für sich selbst leben.

Seine Gebote sind der Maßstab für Ihr Leben – Ihre Ehe, Ihre Familie und Freundschaften, Ihre Arbeit und Ihren Glauben – und sie werden Ihnen helfen, fest zu bleiben, was auch immer Ihnen begegnen mag.

In der Welt oder von der Welt?

Einige Christen kämpfen mit einem Bibelvers, der einen Widerspruch auszudrücken scheint: *in* der Welt zu leben, aber nicht *von* dieser Welt zu sein. In Jakobus 4,4 heißt es: »Ist euch denn nicht bewusst, dass die Freundschaft mit dieser Welt euch zu Feinden Gottes macht? Ich sage es noch einmal: Wer ein Freund der Welt sein will, wird zum Feind Gottes.« Jesus selbst wurde aber ein Freund der Zöllner und Sünder genannt. Wir werden davor gewarnt, die Welt zu lieben (1. Johannes 2,15), aber in Johannes 3,16 heißt es: »Denn Gott hat die Welt so sehr geliebt [...]« Was fangen wir mit diesen scheinbaren Widersprüchen an?

Wir alle wurden auf diesem Planeten geboren und leben auf dieser Erde, aber wir dürfen den Dingen dieser Welt nicht gleich werden – das heißt, uns ihrem Denken und ihren Werten anpassen. Ein Mensch, der dem Auftrag Jesu hingegeben ist, wird die Welt eher beeinflussen und verändern als sich von der Welt beeinflussen und verändern zu lassen. Wir brauchen nicht in völliger Abgeschiedenheit zu leben, aber wir wissen (oder sollten wissen), was unser Fundament ist.

Jesus hat es bestens gezeigt, was es bedeutet, *in* der Welt zu leben, aber nicht *von* dieser Welt zu sein. Die Werte dieser Welt haben ihn nicht verändert, sondern er hatte stattdessen einen starken Einfluss auf jene, die sich an irdischen Dingen ausrichteten. Wir als Christen sind herausgefordert, dasselbe zu tun.

Das Denken und die Werte dieser Welt können im Widerspruch zu Gottes Geboten stehen. Deshalb sind wir aufgefordert, unseren Geist von Gottes Wort verändern zu lassen. Der Apostel Paulus hat es so formuliert: »Orientiert euch nicht am Verhalten und an den Gewohnheiten dieser Welt, sondern lasst euch von Gott durch Veränderung eurer Denkweise in neue Menschen verwandeln« (Römer 12,2). Wenn die Gedanken Gottes Ihr Herz erfüllen und Sie es zulassen, dass Ihre Entscheidungen und Prioritäten von seinem Ziel und seinem Plan beeinflusst werden, wird sich alles verändern. Und Sie werden nicht der Einzige sein, der Veränderung erfährt. Sie werden ein Werkzeug werden für die Veränderung in dieser Welt.

Es entspricht Gottes Willen, dass Sie Veränderung in diese Welt bringen, genauso wie es die Jünger Jesu zu ihren Lebzeiten getan haben. Die Bibel berichtet, dass sie die »ganze Welt« in Aufruhr gebracht haben (Apostelgeschichte 17,6).

Sie sind nicht dazu berufen, sich den Mustern dieser Welt anzupassen. Der Vater möchte, dass Sie ein Werkzeug der Veränderung werden, das anderen Menschen Antworten, Hoffnung, Ermutigung und Inspiration bringt.

Entscheiden Sie sich, ein Mensch voller Überzeugung zu werden, der nicht nur den Konsequenzen gemäß lebt. Ein Mensch, der zwar in dieser Welt lebt, aber nicht ihre Werte teilt. Jemand, der durch das Wort Gottes verändert wurde und sich nicht an die Ideale dieser Welt angepasst hat. Ein Werkzeug der Veränderung, das unerschütterlich, voller Hingabe und Überzeugung dem Wirken von Gottes Willen in dieser Welt verpflichtet ist.

Kapitel 14

Hingebungsvoll leben

Hingabe ist ein Wort, das in vielen Bereichen des Lebens verwendet wird. Wir sprechen von Hingabe, wenn wir uns auf Ehe und Freundschaften beziehen, aber auch im sportlichen Bereich ist Hingabe gefragt. Es geht dann um vollen Einsatz bei einem Spiel und meint Selbstlosigkeit, Leidenschaft und Dynamik. Ob nun das Ergebnis diese Hingabe widerspiegelt oder nicht – ein Spiel mit ganzem Einsatz ist gekennzeichnet von Spielern, die nicht aufgeben, bis der letzte Schlusspfiff verhallt ist. Solche Spieler haben den festen Vorsatz, zu gewinnen, und weigern sich, nur Zweitbeste zu sein.

Wenn ich am Ende meines Lebens vor dem Herrn stehe und mein Leben gerichtet wird, hoffe und bete ich, dass er mein Leben betrachtet und sagt: »Gut gemacht, mein guter und treuer Diener« (Matthäus 25,21). Ich kann nun nicht gerade sagen, dass meine Hingabe an den Auftrag Jesu immer unumstritten war, aber sie hat den Herausforderungen standgehalten, die mir auf meinem Weg begegnet sind.

Ihr Leben wird sich gemäß einem bestimmten Muster entfalten, das von Ihren Überzeugungen (was Sie glauben), Ihren Wünschen (was Sie wollen) und Ihren Vorlieben (was Sie lieben) bestimmt werden wird. Die Menschen, die ihre Prioritäten nach dem Auftrag Jesu ausrichten, werden sehen, wie sich die Belohnung für ihre Hingabe in ihrem Leben auswirkt.

Wenn Jesus an erster Stelle in Ihrem Leben steht, wird er Ihr Leben zusammenhalten. »Er war da, noch bevor alles andere begann, und er hält die ganze Schöpfung zusammen« (Kolosser 1,17). Wenn aber die Prioritäten eines Menschen gegen Gottes Gebote verstoßen, fällt sein Leben auseinander.

Eine einfache Möglichkeit, zu erkennen, ob der Auftrag Jesu an erster Stelle in Ihrem Leben steht, ist zu sehen, was Sie in Ihrem Leben als am Wichtigsten einschätzen. Jesus hat gesagt: »Denn wo dein Schatz ist, da ist auch dein Herz« (Matthäus 6,21; L). Wir achten in unserem Leben vor allem auf jene Dinge, die wir wertschätzen.

Nehmen wir zum Beispiel unsere Zeit. Womit verbringen Sie den größten Teil Ihrer Zeit? Zieht Ihre Arbeit oder Ihr Geschäft alle Aufmerksamkeit auf sich? Wie steht es um Fernsehen oder Sport? An und für sich sind diese Dinge nichts schlechtes, aber wenn Sie an erster Stelle stehen, können sie Ihr Leben auf entscheidende Weise beeinflussen. Was ist mit Ihren Gedanken? Nimmt Gott die meiste Zeit Ihres Denkens ein?

Unsere Worte sind ein weiteres gutes Beispiel. Es ist ziemlich leicht festzustellen, was für einen Menschen wichtig ist, wenn man ihm zuhört, worüber er redet. Die Bibel sagt: »Herr, lass dir die Worte meines Mundes und die Gedanken meines Herzens gefallen! Herr, mein Fels und mein Erlöser« (Psalm 19,15). Es ist schwer, die Worte Ihres Mundes von den Gedanken Ihres Herzens zu trennen.

Worüber reden Sie? Was denken Sie? Womit verbringen Sie Ihre Zeit? Wofür geben Sie Ihr Geld aus? Die Antworten auf diese Fragen sind die Nagelprobe für Ihre Prioritäten.

Das Beste zuerst

Das Prinzip der Erstlingsfrucht, die ersten Früchte der Ernte, ist eine gewaltige geistige Wahrheit. Es aktiviert die Verheißungen Gottes in Ihrem Leben. Die Geschichte der Brüder Kain und Abel, von der im 1. Buch Mose 4 berichtet wird, verdeutlicht dieses Prinzip. Kain hatte das Beste seiner Arbeit Gott vorenthalten und opferte ihm nur etwas von seinen Überbleibseln. Abel dagegen brachte Gott die besten Tiere seiner Herde. Gott nahm Abels Opfer an, lehnte jedoch Kains Opfer ab. Wenn es um Sie und mich geht, legt der Herr denselben Maßstab an. Jesus sprach über eine ganze Reihe von »Erstlingen« und zeigt, wie diese Sie selbst und die Menschen in Ihrer Umgebung verändern werden, wenn sie von Ihnen an erster Stelle gesetzt werden.

Zuerst nach dem Königreich Gottes trachten

Matthäus 6,33

Trachtet *zuerst* nach dem Reich Gottes und nach seiner Gerechtigkeit, so wird euch das alles zufallen.

Matthäus 6,33 (L; Hervorhebung durch den Autor)

Die ganze Botschaft dieses Buches ist in diesem Bibelvers enthalten. Für Jesu Auftrag zu leben bedeutet, sich zu entscheiden, ein Leben zu führen, das Gottes Königreich an erste Stelle setzt. Wenn Sie das tun, was Abel getan hat (und ich meine hier nicht, Ihr bestes Schaf zu opfern!), wird der Herr Ihr bereitwillig gegebenes Opfer gern annehmen und Sie mit seinem Segen überschütten, Ihnen Schutz und Wohlstand schenken und Ihnen die Tür für weitere Chancen offenhalten.

Jesus hat gesagt, dass jeder Mensch, der sein Haus, sein Land oder seine Familie um des Evangeliums willen (für den Auftrag) verlässt, es hundertfach wieder zurückbekommt (Markus 10,29.30). Vielleicht denken Sie: *Wie kann das sein? Ich gebe mein Leben auf – meine Träume, meine Wünsche und meine Ziele – und was ist dann noch übrig, was ich wiederbekommen kann?*

Die Wahrheit ist, dass das Königreich Gottes völlig anders funktioniert als diese Welt. Das Königreich Gottes ist kein Kuchen, der nur eine bestimmte Anzahl Kuchenstücke besitzt. Es gleicht vielmehr einem großen Fluss. Die Verheißungen und Segnungen des Herrn sind für uns alle da.

Nun ist es wichtig zu verstehen, dass ich hier nicht von einer Einstellung spreche, die Gott als Automaten ansieht. Wenn ich sein Königreich an erste Stelle setze, geht es nicht darum, was ich von Gott bekomme oder wie schnell ich es bekommen kann. Genau das Gegenteil ist der Fall. Wenn wir sein Königreich an erste Stelle setzen, bedeutet das ein Herz zu haben, das sagt: »Dass Jesus für mich gestorben ist und mir vergeben hat, ist das größte und wunderbarste Geschenk, das ich nie verdient hätte.«

Sich zuerst um die inneren Angelegenheiten kümmern

Matthäus 23,25.26

Euch Schriftgelehrten und Pharisäern wird es schlimm
ergehen. Ihr Heuchler! Sorgfältig achtet ihr darauf, dass
eure Tassen und Teller nach außen sauber sind, doch
innerlich seid ihr durch und durch verdorben – voller
Missgunst und Maßlosigkeit! Ihr blinden Pharisäer!
Wascht *erst einmal* die Tasse von innen aus; das Äußere
wird dann von selbst sauber.

Matthäus 23,25.26 (Hervorhebung durch den Autor)

Jesus nahm definitiv kein Blatt vor den Mund! Wenn es darum
geht, sich mit den inneren Angelegenheiten zu befassen, die uns das
Leben, das Gott für uns bereithält, rauben können, fand Jesus sehr
klare Worte. Er sagte, dass wir uns zuerst um die Angelegenheiten
in unserem Herzen kümmern sollen. Dies wird unweigerlich auch
zu äußeren Veränderungen führen.

Manchmal wird das, was einen Menschen innerlich bewegt,
durch eine Maske verborgen, die nach außen hin getragen wird und
dabei sagt: »Alles ist in Ordnung.« Leider werden sich nach einiger
Zeit unweigerlich Risse zeigen. Was in unserem Herzen geschieht,
wird letztendlich auch äußerlich sichtbar werden und unser Denken, unsere Einstellungen, unsere Gefühle, unsere Verletzungen und
unsere Unversöhnlichkeit, die wir in uns tragen, werden ihren Preis
fordern.

Wenn es in Ihrem Leben Bereiche gibt, die verändert werden
müssen, ist jetzt der beste Zeitpunkt, Gott zu gestatten, in Ihrem
Herz zu arbeiten. Verbringen Sie Zeit mit ihm, bitten Sie ihn, Ihnen
ein reines Herz zu schenken (Psalm 51,12), bewegen Sie seine Worte
und erneuern Sie Ihr Denken. Suchen Sie Menschen, die Sie wirklich
herausfordern und Ihnen dabei helfen, jenen Dingen ins Gesicht
zu blicken, die Sie zurückhalten. Suchen Sie sich außerdem eine
Gemeinde in Ihrer Nähe.

Wenn Sie sich diesem Reinigungsprozess Ihres Herzens unterwerfen, wird sich auch Ihre äußere Welt verändern. Wenn Sie es

Gott gestatten, in Ihrem Herzen zu arbeiten, werden Sie in Ihren Beziehungen, Ihrem Denken, Ihren Zukunftsplänen – kurz, in jedem Bereich Ihres Lebens – Veränderung erleben. Es lohnt sich auf jeden Fall, sich Ihren inneren Angelegenheiten zu stellen, auch wenn damit vorübergehend Schmerzen verbunden sind. Denn Sie werden erfahren, dass sich Freiheit und Hoffnung in Ihrem Leben ausbreiten.

Zuerst den Feind fesseln

Matthäus 12,29

Niemand kann in das Haus eines starken Mannes eindringen und ihn ausrauben, ohne ihn *zuvor* zu fesseln. Erst dann kann man sein Haus ausplündern!

Matthäus 12,29 (Hervorhebung durch den Autor)

Der »starke Mann«, von dem hier die Rede ist, ist nicht der Muskelprotz, der neben Ihnen im Fitnessstudio trainiert. Jesus spricht hier vom Satan. Der Feind »sucht nach einem Opfer, das er *verschlingen kann*« (1. Petrus 5,8; Hervorhebung durch den Autor). Ich bin der Überzeugung, dass Sie die Entscheidung treffen müssen, damit ihm dies *nicht gelingt*!

Jesus hat Ihnen die Autorität gegeben, Satan in seinen Bemühungen das Handwerk zu legen. Das griechische Wort für »fesseln« bedeutet »die Kräfte beugen«. Der beste Weg, den Teufel zu fesseln, ist, nach dem Wort Gottes zu leben. Wenn Sie nach Gottes Geboten handeln, wird Sie Ihr Glaube an Christus, die Wahrheit von Gottes Wort und Ihre Errettung beschützen, auch wenn Sie angegriffen und angefochten werden (Epheser 6,10-18).

Verriegeln Sie das Hintertürchen für den Teufel, legen Sie alles ab, was er gegen Sie verwenden kann. Geben Sie ihm keinen Raum, keine Gelegenheit, keine Erlaubnis und lassen Sie ihm keinen Vorteil.

Zuerst den Balken entfernen

Matthäus 75

Zieh *erst* den Balken aus deinem eigenen Auge; dann
siehst du vielleicht genug, um dich mit dem Splitter im
Auge deines Freundes zu befassen.

Matthäus 7,5 (Hervorhebung durch den Autor)

Lassen Sie mich eines klarstellen: Ich bilde mir nicht ein, ich sei
perfekt. Ich bin, genau wie Sie, ein Werk in der Entstehung und ich
danke Gott (und Bobbie!) für ihre Geduld mit mir. Dreißig Jahre
Pastorendienst haben mir gezeigt, dass die meisten Menschen in der
Gemeinde freundlich und voller Nächstenliebe sind. Aber ab und zu
treffen Sie auch auf einen Zeitgenossen, dessen Herz ganz und gar
nicht gütig ist.

Jesus hat uns durch das sehr anschauliche Gleichnis in Matthäus 7 die Fallen gezeigt, in die wir tappen können, wenn wir einen
richtenden Geist gegen andere Menschen in uns tragen. Stellen Sie
sich einmal vor, Sie hätten wirklich einen Balken im Auge. Stellen
Sie sich nur den Schaden vor, den Sie anrichten würden, wenn Sie
so umherliefen, Dinge umstoßen und andere Menschen anrempeln
würden. Ein solcher Balken würde Ihre Sehfähigkeit beeinträchti-
gen, den Kontakt zu Ihren Mitmenschen sehr erschweren und all
Ihre Beziehungen auf eine harte Probe stellen! Es gäbe unzählige
Orte, wo Sie nicht hinkönnten.

Jesus fordert uns dazu auf, dass wir zuerst in unser eigenes Leben
sehen, bevor wir andere verurteilen. Treffen Sie die Entscheidung,
einen gütigen Geist der Ermutigung in sich zu tragen, der das Beste
von anderen Menschen erwartet und weiß, dass niemand perfekt
sein kann.

Sich zuerst versöhnen

Matthäus 5,23.24

Wenn ihr also vor dem Altar im Tempel steht, um zu opfern, und es fällt euch mit einem Mal ein, dass jemand etwas gegen euch hat, dann lasst euer Opfer vor dem Altar liegen, geht zu dem Betreffenden und versöhnt euch mit ihm. *Erst dann* kommt zurück und bringt Gott euer Opfer dar.

Matthäus 5,23.24 (Hervorhebung durch den Autor)

Die Bibel erlaubt keine Verbitterung und Beleidigungen, wie gerechtfertigt sie auch scheinen mögen. Und zwar aus dem Grund, weil der Vater weiß, dass diese Dinge Ihr Leben verkümmern lassen können. Er möchte das Beste für Sie.

Jesus lehrt uns, uns zuerst zu versöhnen und unsere Beziehungen wieder in Ordnung zu bringen. Lassen Sie es nicht zu, dass irgendetwas anderes als Gott Ihren Geist erfüllt, denn die Zeit und die Energie, die Sie in Streit und Angst stecken, wird Ihnen Grenzen auferlegen und einengen. Treffen Sie bewusst die Entscheidung, jede Wurzel von Unversöhnlichkeit oder Verbitterung herauszureißen, bevor sie in Ihrem Herzen Fuß fassen kann. Das Leben ist zu kurz, um verbittert zu sein.

> Das Leben ist zu kurz, um verbittert zu sein.

Zuerst die Kosten überschlagen

Lukas 14,28

Denn wer würde mit dem Bau eines Hauses beginnen, ohne *zuvor* die Kosten zu überschlagen und zu prüfen, ob das Geld reicht, um alle Rechnungen zu bezahlen?

Lukas 14,28 (Hervorhebung durch den Autor)

Bevor wir mit dem Bau unseres neuen Gemeindehauses begannen, haben wir die Kosten überschlagen – nicht nur die finanziellen, sondern auch die geistlichen, körperlichen und emotionalen Kosten. Wenn wir das Projekt nicht auf diese Weise angegangen wären, hätten wir bei den ersten Hürden oder Widerständen aufgegeben. Aber Gott sei Dank kann ich sagen, dass der Neubau keinen der Dienste in unserer Gemeinde eingeschränkt hat. Er hat uns sogar frischen Schwung und neue Motivation in allen Bereichen der Gemeinde geschenkt.

Gab es Hürden, die wir überwinden mussten? Natürlich, aber wir waren darauf vorbereitet, ihnen die Stirn zu bieten, weil wir unsere Hausaufgaben gemacht hatten. Und wir wussten, das Ergebnis würde alle Mühe wert sein, gleichgültig, was wir durchstehen mussten.

Gott an erste Stelle in Ihrem Leben zu setzen, ist mit Kosten verbunden: Sie werden Widerstand erleben, Streit austragen, Opfer erbringen und manchmal auch unangenehme Entscheidungen treffen müssen.

Jesus hat uns gezeigt, wie wichtig es ist, zuerst die Kosten zu überschlagen, weil er wusste, dass wir auf Schwierigkeiten treffen würden. Für Jesus gehörte sein Tod am Kreuz zu den Kosten. Aber lange vor jenem Tag hatte der Herr in seinem Herzen beschlossen, dass sein Sterben auf Golgatha ein Preis sein würde, den er bereit war zu zahlen.

Die großartige Nachricht ist, dass uns der Vater die Kraft schenkt, diese Hindernisse zu überwinden. In Philipper 4,13 heißt es, »alles ist mir möglich durch Christus, der mir die Kraft gibt, die ich brauche.« Das nenne ich einen tröstlichen Gedanken.

Ob Sie nun Anfechtungen Ihrer Gesundheit durchstehen müssen, eines Ihrer Kinder Gott ablehnt, Sie Probleme in Ihrer Ehe oder an Ihrem Arbeitsplatz haben oder Ihre finanzielle Lage angespannt ist – Ihr Glaube an Christus und Ihre Bereitschaft, ihn an erste Stelle in Ihrem Leben zu setzen, wird Ihnen die Kraft schenken und die Ausdauer, niemals aufzugeben.

Alles beginnt mit der Entscheidung, dem Königreich Gottes den ersten Platz einzuräumen. Sie werden niemals das Nachsehen haben, wenn Sie vor allen anderen Dingen Gott suchen.

Kapitel 15

Gesegnet, um ein Segen zu sein

Ich habe von einer älteren Dame gehört, die fünfundzwanzig Jahre zuvor ihren Ehemann verloren hatte und leider keine Kinder bekommen konnte. Sie lebte auf einem großen Anwesen, das früher einmal ein gepflegter Bauernhof gewesen war, zwischenzeitlich jedoch nur noch aus einem Grundstück voller Gestrüpp und verrosteter Traktoren bestand, weil es niemanden mehr gab, der sich um diese Dinge kümmerte. Sie lebte in einer heruntergekommenen kleinen und finsteren Hütte, deren Dach über den Schlafzimmern und der Küche undicht war und bei Regen tropfte es hinein. Sie heizte nie den Ofen, weil sie der Meinung war, das würde zuviel Geld kosten, und ernährte sich von kaum mehr als Suppe und Brot. In den letzten Jahren ihres Lebens fristete sie ein einsames und verbittertes Dasein. Eines Tages wollte ihr eine Nachbarin, die regelmäßig nach ihr sah, frisches Brot bringen und entdeckte, dass die alte Dame im Schlaf gestorben war. Als ihr Nachlass geregelt wurde, entdeckte man, dass diese Frau fast eine halbe Million Dollar auf der Bank hatte und ihr Grundstück weitere fünf Millionen wert war. Sie hatte ein entbehrungsreiches Leben in fast völliger Armut geführt, aber wozu? Um ihren Reichtum einem Bruder zu hinterlassen, den sie seit fünfzig Jahren nicht gesehen hatte? Es gab einige Milliardäre, die sogar ein noch unglücklicheres Ende hatten.

Ich finde, es ist sehr traurig, dass Angst, Wut oder falsche Prioritäten Menschen gefangen halten und sie davon abhalten können, ihre von Gott geschenkten Möglichkeiten auszuschöpfen. Diese Geschichten sollten für uns alle eine Lehre sein. Wir alle stehen in der Gefahr, Gottes Segnungen – seien sie nun finanzieller oder anderer Art – für uns zu behalten und es nicht zuzulassen, dass sie durch uns zu anderen Menschen fließen. Wenn wir in diese Falle tappen, kann es sein, dass wir Gottes Plan und sein Ziel für unser Leben verfehlen.

In der gesamten Bibel hat Gott immer versprochen, sein Volk zu segnen. »Halleluja! Glücklich ist der Mensch, der Ehrfurcht hat vor dem Herrn« (Psalm 112,1). Im Gegenzug haben wir mit diesem Segen auch eine Verantwortung. Die Bibel ermahnt uns, dass von dem Menschen viel erwartet wird, dem auch viel gegeben wurde (Lukas 12,48).

Wenn gute Charaktereigenschaften wie Beständigkeit und Bereitschaft zu harter Arbeit den Segen Gottes in Ihr Leben bringen – sei es durch Familie, Freunde, günstige Gelegenheiten und neue Ressourcen –, sind diese Segnungen nicht nur Ihnen selbst vorbehalten. Sie wurden Ihnen geschenkt, damit Sie diese weitergeben. Gott hat Ihr Leben reich beschenkt, damit Sie großzügig sein und Ihre Umgebung positiv verändern können.

Schon immer hat Gott so gehandelt. Abraham sagte er: »Von dir wird ein großes Volk abstammen. Ich will dich segnen und du sollst in der ganzen Welt bekannt sein. Ich will dich zum Segen für andere machen« (1. Mose 12,2). Gott hat Abraham versprochen, ihn zu segnen, damit er wiederum zu einem Segen für andere werden konnte.

Sie wissen, was es heißt, gerettet zu sein und eine Hoffnung für Ihr Leben und Ihre Ewigkeit zu haben. Sie können darauf vertrauen, dass Sie in Jesus Christus einen sicheren Anker haben, wenn Sie schwere Zeiten durchmachen müssen. Sie haben den Heiligen Geist, der in Ihnen lebt, Ihnen neuen Mut schenkt und Ihrem Leben eine Richtung weist.

Es geht Gott nicht darum, wie viel wir geben oder tun, sondern was in unserem Herzen ist. Er weiß, »wo dein Reichtum ist, da ist auch dein Herz« (Matthäus 6,21). Wenn Sie dieselben Dinge wertschätzen, die Gott schätzt – nämlich Menschen –, kann er Ihnen die Ressourcen anvertrauen, die Sie brauchen, um seine Botschaft zu ihnen zu tragen.

Ein großzügiges Herz

Unser Dienst als Gemeinde ist mit unglaublich großzügigen Menschen gesegnet, die ihre Zeit und ihre Ressourcen geben, um unsere Rolle in Gottes ewigem Plan für diesen Planeten auszufüllen. Mit Menschen, die wissen, dass sie für einen Auftrag geboren wurden.

Wenn Sie wissen, dass Sie für den Auftrag des Königreiches leben, werden Sie verstehen, dass Sie gesegnet wurden, um ein Segen zu sein. Großzügigkeit wird zu einer inneren Einstellung, einem Lebensstil, der unvermeidlich jeden Menschen verändert, dem Sie auf Ihrem Weg in die Ewigkeit begegnen werden.

Es entspricht Gottes Natur, zu geben; und alles, was er tut, geschieht aus einem Geist der Großzügigkeit. Er möchte denselben Geist auch in Ihr und mein Leben bringen. Großzügigkeit ist nicht nur eine Handlung, sondern eine Haltung.

Ich glaube nicht, dass den meisten von uns Großzügigkeit von Natur aus in die Wiege gelegt wurde. Unser sozialer Hintergrund, unsere Zukunftspläne, die Umstände und unser Charakter können uns manchmal davon abhalten. Wir müssen diese Dinge auf die Probe stellen und ein Leben führen, das überall Gelegenheiten erkennt, sich großzügig zu erweisen. Diese Gelegenheiten können ein Lächeln sein oder ein nettes Wort zu der Kassiererin im Supermarkt oder ein kleines Geschenk für einen Menschen, der gerade eine schwere Zeit durchmacht.

In Sprüche 22,9 heißt es: »Gesegnet sind die Großzügigen, denn sie geben den Armen zu essen.« Menschen, die ein großzügiges Herz besitzen, werden über ihre eigenen Sorgen und ihre eigenen vier Wände hinausblicken und leicht Gelegenheiten erkennen, andere zu segnen.

Diese Großzügigkeit geschieht nicht aus Berechnung oder Zwang, sondern aus einer inneren Einstellung, die für Sie und für andere unglaubliche Freude mit sich bringt. In Jesaja 32,8 können wir lesen: »Gute Menschen aber haben gute Absichten und bestehen auf dem Guten.« Als Gott sah, dass die Welt einen Retter benötigte, entwickelte er einen großzügigen Plan. Sein Name war Jesus!

Sparen Sie etwas auf

Einer unserer Pastoren kommt ursprünglich aus England, wo er auf einem Gutshof aufwuchs, der schon seit Jahrhunderten seiner Familie gehörte. Die Ländereien waren fruchtbar und grün und in einzelne Felder unterteilt, die im Laufe des Jahres entweder zum Anbau für verschiedene Feldfrüchte oder für Futter verwendet wurden. Jedes Feld hatte einen Namen, der einige Jahrhunderte alt war. In einem entfernten Winkel der Ländereien lag ein Stück Land, das als »öder Flecken« bezeichnet wurde. Dieses Stück Land lag früher an einer alten Römerstraße und war für die Gemeinde bestimmt. Was auf diesem Acker wuchs, war für die Armen bestimmt. Sie konnten es ernten und so ihren Hunger stillen.

Eine Bibelstelle im Alten Testament berichtet von demselben Brauch, die Ernte mit den Benachteiligten zu teilen:

3. Mose 19,9.10

Wenn ihr die Ernte in eurem Land einbringt, dann sollt ihr das Getreide nicht bis zum äußersten Rand eurer Felder abschneiden und keine Nachlese halten. Auch in euren Weinbergen sollt ihr keine Nachlese halten und die Trauben, die zu Boden fallen, nicht aufsammeln. Lasst sie für die Armen und die Ausländer liegen.

3. Mose 19,9.10

Als Christen, die an das Neue Testament glauben, werden wir reich beschenkt und können das Leben anderer Menschen leichter machen, wenn wir dieses Prinzip anwenden. Wir sollten nicht vergessen, etwas aufzusparen, damit wir genug haben, um ein Segen für andere zu sein. Es gibt Menschen, die Ihr Leben voll für sich ausschöpfen, aber in Wirklichkeit verringern sie dadurch ihre Möglichkeiten, in dieser Welt etwas zum Guten zu verändern. Wenn wir uns selbst, unsere Zeit und unsere Mittel bis ins Letzte verplanen, haben wir nur noch wenig Raum zu handeln, wenn sich uns die Gelegenheit bietet, großzügig zu sein, oder wenn Gott uns auffordert, anderen zu helfen.

In der Bibel heißt es: »Ich meine allerdings, dass man besser dran ist, wenn man wenig hat, dieses aber in Ruhe genießen kann, als wenn man viel besitzt, und sich sein Leben lang abmüht. Das ist wie der Versuch, den Wind einzufangen« (Prediger 4,6). Mein Ziel ist es, immer eine Hand frei zu haben, damit ich Freiräume zum Handeln habe, wenn sich mir die Gelegenheit dazu bietet.

Sie leben für den Auftrag des Königs und spielen als Teil von Gottes Gemeinde eine wichtige Rolle in seinem Plan für die Menschheit. Das Beste, was Sie und ich tun können, ist, daran festzuhalten, was wir in Händen halten, und die Aufgaben erfolgreich zu meistern, die Gott uns aufgetragen hat. Setzen Sie sich ganz dafür ein, ihr Leben beständig so auszurichten, dass Sie anderen ein Segen sind. Legen Sie sich in Ihrem Herzen fest, dass Sie einen Lebensstil der Großzügigkeit pflegen, und bringen Sie, gemeinsam mit anderen, die Barmherzigkeit und die Liebe Jesu in Wort und Tat zu den Menschen. Alleine können Sie nur wenig ausrichten, aber gemeinsam können wir Großes vollbringen.

Großzügigkeit für die Ewigkeit

Als Bobbie und ich vor einigen Jahren in Uganda waren und einige der Tausenden von Kindern besuchten, die unsere Gemeinde zusammen mit der Hilfsorganisation *Compassion* unterstützt, erlebten wir die Macht der Großzügigkeit sehr deutlich. Wir waren in Kaese im Südwesten des Landes zu Besuch. Landschaftlich und geografisch ist es eine der interessantesten Regionen, die ich jemals besucht habe. Aber in diesem Land herrscht so große Ungerechtigkeit! Wir mussten neun Stunden auf engen, unbefestigten Straßen mit dem Auto fahren, um zu unserem Ziel zu gelangen. Auf dem Rückweg in die Hauptstadt Kampala beteten wir alle um unser Leben, wenn der Fahrer versuchte, den kratertiefen Schlaglöchern auszuweichen. Als wir so auf der Straße dahinruckelten, bemerkte ich in einiger Entfernung etwas Merkwürdiges. Ich konnte erkennen, dass irgendetwas die Straße hinabrollte. Was auch immer es war, es flogen Dinge heraus und ich hoffte nur, dass es sich nicht um ein Auto handelte. Als wir näher kamen, erwiesen sich unsere schlimmsten Befürchtungen als Wirklichkeit. Wir kamen als Erste an einen Ort des Grauens. Es war ein blutiges Schauspiel, die Toten und Sterbenden lagen über die ganze Straße verteilt.

In solchen Situationen fühlt man sich absolut hilflos. Wir begannen zu beten und versuchten, den Verletzten etwas Erleichterung zu verschaffen, während wir auf Hilfe warteten. Wir waren von oben bis unten mit Blut befleckt, aber in diesem Augenblick stand nicht unser eigenes Wohl an oberster Stelle, sondern, den Opfern zu helfen. Es war eine hoffnungslose Situation, die ich hier als Gleichnis anführen will für den Zustand der Welt, in der wir leben. Für sehr viele Menschen ist diese Welt ein Ort der Hoffnungslosigkeit.

An jenem Tag sind wir eingeschritten und haben den Opfern des Unglücks die geringe Hilfe angeboten, die wir geben konnten. Aber diese Hilfe ist nichts, angesichts der Tatsache, dass Jesus in die Verzweiflung der Menschheit gekommen ist, sich gegen die Ungerechtigkeit dieser Welt gewendet und sie auf seinen Schultern getragen hat. Kein Preis war zu hoch.

> Jesus ist in die Verzweiflung der Menschheit gekommen, hat sich gegen die Ungerechtigkeit dieser Welt gestellt und sie auf seinen Schultern getragen. Kein Preis war zu hoch.

An vielen Stellen können wir in der Bibel lesen, dass Gott gerecht ist. Er ist wahrhaftig voller Gerechtigkeit und bei seiner Tat am Kreuz geht es ganz darum, wie die Sünder gerecht werden. Jesus brachte Antworten auf alle Krankheiten, Sünden, auf Armut und alles, was unfair und ungerecht ist.

Jesus hat sich zwischen die aufgebrachte Menschenmenge und die Ehebrecherin gestellt (Johannes 8,3-11). Er sprach mit der Frau am Brunnen, die fünfmal verheiratet war, auch wenn das Reden mit ihr aus kulturellen Gründen missbilligt wurde, weil sie eine Frau war und aus Samarien stammte (Johannes 4,6-26). Und er lud den Zöllner Zachäus zum Abendessen ein, obwohl dessen Tätigkeit vollkommen gering geachtet wurde (Lukas 19,1-10).

Jesus handelte aus der Vollmacht des Himmels heraus und wurde vom Auftrag seines Vaters angetrieben. Jesus gab der Menschheit die Möglichkeit, in der Fülle von Gottes Plänen für sie zu leben. Und als Kinder Gottes sind auch wir aufgefordert, auf dieser Erde seine Hände, seine Füße und seine Stimme zu sein.

Der größte Akt wahrer Großzügigkeit wurde vor zweitausend Jahren vollbracht, als Jesus starb und wiederauferstand. Anderen Menschen dabei zu helfen, wie sie in der Fülle von Gottes Auftrag leben können, steht für Menschen, die Gottes Willen kennen, an erster Stelle.

Die Errettung ist frei, sie ist ein Geschenk, das niemals versiegt. Und was noch wichtiger ist: Wenn wir die Botschaft der Rettung dieser Welt mit anderen teilen, hat das Auswirkungen auf die Ewigkeit. Die Bibel sagt, wir sind berufen, Salz und Licht für unsere Welt zu sein (Matthäus 5,13-16). Unser Glaube an Jesus Christus soll nicht unter einem umgestülpten Gefäß versteckt werden, sondern wie das Licht einer Leuchte scheinen und Menschen nach Hause zum Vater führen.

Wenn all unsere irdischen Ziele und Träume vergangen sind, wird Gott unserem himmlischen Konto für die Ewigkeit all jene hinzufügen, denen wir geholfen haben, Jesus Christus und seinen Auftrag für sich zu finden. Wir werden Gold und Silber zurücklassen, aber Seelen werden wir mit uns in die Ewigkeit nehmen.

Zu Beginn dieses Buches habe ich Ihnen ins Gedächtnis gerufen, dass Gott Ihnen eine begrenzte Anzahl von Tagen geschenkt hat, und seitdem Sie mit dem Lesen begonnen haben, sind wieder einige vergangen. Obwohl Sie und ich nicht wissen, wann der Vater uns in die Ewigkeit holen wird, weiß ich dennoch genau, dass wir voller Hingabe für den Auftrag des Königs und seines Reiches leben sollen, in der Zeit, die wir auf Erden verbringen.

Jesus hat uns dies während seiner dreiunddreißig kurzen, aber dennoch alles verändernden Jahre auf diesem Planeten vorgelebt. Er war selbstlos, er gab sich ganz für den Auftrag des Vaters hin. Er wusch die Füße seiner Jünger, er gab ihnen Brot, bevor er sich selbst Brot gönnte. Er heilte die Kranken und tröstete die Menschen mit zerbrochenem Herzen. Er erhob sich gegen Ungerechtigkeit. Er brachte das größte Opfer und starb für uns den schmerzvollsten und grauenvollsten Tod, den man sich vorstellen kann, damit wir ihn und den Vater kennen dürfen. Für diesen Auftrag lebte er, für diesen Auftrag starb er.

Und als die Menschenmenge ihn am Kreuz in Jerusalem an jenem dunklen Freitag sterben sah, blickte Gott an seinem Sohn am Kreuz vorbei und sah Sie. Gott kannte Sie, bevor Sie geboren waren.

Ihr Leben ist ein Geschenk, das nur darauf wartet, ausgepackt und für Gott eingesetzt zu werden. Ihre Geschichte ist von Gott geschrieben worden, damit Sie anderen Menschen Antworten, Hoffnung und Stärke geben können. Sie sind von Gott gerettet, berufen, eingesetzt und mit Vollmacht ausgestattet worden. Er hat Ihnen und mir genau diese Zeit in der Geschichte anvertraut. Wenn wir mit einer Vision und einem Ziel leben, wird sein Name auf dieser Erde groß werden – *Dafür leben wir.*

Christine Caine

Himmelwärts leben

Paperback, 13,5 x 20,5 cm, 176 S.,
Nr. 394.965,
ISBN 978-3-7751-4965-5

Vom Heiligen-Schein zum heiligen Sein.
Wir sehnen uns danach, authentisch zu leben. Wenn wir himmelwärts leben und Jesus in unseren Herzen Raum gewinnt, verändert sich auch unser Denken und Tun. Mit vielen persönlichen Beispielen schreibt Christine Caine über dieses veränderte Leben – ohne Krampf, aus Gottes Kraft. Denn wahre Veränderung muss von innen heraus geschehen. Im zweiten Teil des Buches stellt die Jugend-Evangelistin tägliche Schritte vor, die wir gehen können, um den »inneren Menschen« zu stärken. Jesus hat den Weg frei gemacht und wir fangen zu leben an – befreit, entschlossen, himmelwärts.
»Für mich war das Buch Reden Gottes und eine riesige Motivation genau zur richtigen Zeit! Ich hab direkt meine Kleingruppe aus meiner Gemeinde zum Lesen dieses Buches angeworben.«

Sara Lorenz, Sängerin (u.a. bei »Sharona«)

Ruft zum Herrn

CD 1, Nr. 099.979
CD 2, Nr. 097.061
CD 3, Nr. 097.112
Liederbuch, Nr. 395.035

Die australische Hillsong-Gemeinde erreicht mit ihren Lobpreisliedern weltweit Tausende Menschen. Wie gut, dass es diese beliebten Songs nun auch in deutscher Sprache gibt: »Ruft zu dem Herrn« – das ist kraftvoller und authentischer Lobpreis, interpretiert von Florence Joy, Pamela Natterer, Johannes Falk u.a. Zu den drei CD-Produktionen gibt es auch ein Songbook zum eigenen Mitsingen und Nachspielen. Die Texte der Lieder sind dabei sowohl in deutscher als auch in englischer Sprache abgedruckt.

Bitte fragen Sie in Ihrer Buchhandlung nach diesen Artikeln!
Oder schreiben Sie an: SCM Hänssler, D-71087 Holzgerlingen;
E-Mail: info@scm-haenssler.de